# बद्री नारायण

बद्री नारायण का जन्म 5 अक्टूबर, 1965 को भोजपुर, बिहार में हुआ। वे हिन्दी के महत्त्वपूर्ण कवि हैं। नवें दशक के कवियों में सर्वाधिक चर्चित। हिन्दी के प्रतिष्ठित कवि होने के साथ-साथ वे उत्तर भारत की आधारभूत राजनीतिक समझ और निर्मितियों की पहचान करनेवाले समाजविज्ञानी के रूप में भी जाने जाते हैं।

उनके प्रकाशित कविता-संग्रह हैं—'खुदाई में हिंसा', 'शब्दपदीयम', 'सच सुने कई दिन हुए', 'तुमड़ी के शब्द' और 'प्रतिनिधि कविताएँ'। उनकी कविताएँ अंग्रेजी, बांग्ला, उड़िया, मलयालम, उर्दू तथा अन्य भारतीय भाषाओं में अनूदित हो चुकी हैं। उन्होंने देश-विदेश के अनेक साहित्यिक मंचों पर काव्य-पाठ किया है। वे कविता लिखने के साथ-साथ उस पर हो रहे चिन्तन एवं विमर्श के एक प्रखर हस्ताक्षर के रूप में भी जाने जाते हैं। वैचारिक निबन्धों की उनकी कई पुस्तकें प्रकाशित हैं। हिन्दी तथा अंग्रेजी के शीर्षस्थ पत्र-पत्रिकाओं में राजनीतिक विश्लेषणों पर आधारित उनके कॉलम भी प्रकाशित होते रहे हैं।

उन्हें 'साहित्य अकादेमी पुरस्कार', 'भारतभूषण अग्रवाल पुरस्कार', 'बनारसी प्रसाद भोजपुरी सम्मान', 'केदार सम्मान', 'स्पंदन कृति पुरस्कार', 'राष्ट्रकवि दिनकर पुरस्कार', 'शमशेर सम्मान', 'मीरा स्मृति सम्मान' से सम्मानित किया जा चुका है।

ई-मेल : badrinarayan.gbpssi@gmail.com

# प्रतिनिधि कविताएँ

बद्री नारायण

सम्पादक
राजेश जोशी

राजकमल पेपरबैक्स

राजकमल पेपरबैक्स में
**पहला संस्करण :** 2022
**दूसरा संस्करण :** 2025



---

**राजकमल पेपरबैक्स :** उत्कृष्ट साहित्य के जनसुलभ संस्करण

---

राजकमल प्रकाशन प्रा.लि.
1-बी, नेताजी सुभाष मार्ग, दरियागंज
नई दिल्ली-110 002
द्वारा प्रकाशित

**शाखाएँ :** अशोक राजपथ, साइंस कॉलेज के सामने, पटना-800 006
पहली मंजिल, दरबारी बिल्डिंग, महात्मा गांधी मार्ग, प्रयागराज-211 001
1, अनमोल सोराबजी सन्तुक लेन, धोबी तलाव, मरीन लाइंस, मुम्बई-400 002

वेबसाइट : www.rajkamalprakashan.com
ई-मेल : info@rajkamalprakashan.com

बी.के. ऑफसेट
नवीन शाहदरा, दिल्ली-110 032
द्वारा मुद्रित

**मूल्य :** ₹ 199

PRATINIDHI KAVITAYEN
*Representative Poems of* Badri Narayan
*Edited by* Rajesh Joshi

ISBN : 978-93-93768-58-2

# भूमिका

बद्री नारायण की कविता हमारे समाज की जटिल और विभिन्न संस्तरों में विभाजित संरचना को बहुत भीतर तक भेदने की कोशिश करती है। हाशिये पर धकेल दिये गए बृहत् सामाजिक समूहों की पीड़ाओं, उसके अवसाद और उनके साथ हो रहे अन्याय की गाथाओं को ही नहीं, उनके संघर्षों और प्रतिरोध के उन मिथकों को बद्री अपनी कविता का केन्द्रीय रूपक बनाता है, जो अक्सर अलक्षित कर दिये गए। उसे लगता है कि चिड़िया और हिरणी के बारे में सोचना अन्ततः शिकारी के बारे में सोचना है। उसकी कविता सभी प्रचलित वृत्तान्तों को शिकारियों के सन्दर्भ में ही देखती है और उस पर शक करती है। बद्री नारायण की कविता को ऐसे कविता समय की तलाश है जिसमें हिरणों के अपने इतिहासकार हों, क्योंकि जब तक ऐसा नहीं होगा तब तक शिकारी ही गौरवान्वित किए जाते रहेंगे। मुझे लगता है कि बद्री नारायण की कविता भारतीय समाज के दमित समूहों के प्रतिरोध के मिथकों के लिए एक नए विमर्श को प्रस्तावित करती है।

बद्री अपने समकाल की विडम्बनाओं, उसके अन्तर्विरोधों और उसके अँधेरे कोनो-कुचालों, विकास की ऊबड़-खाबड़ संरचनाओं को देखने-परखने के लिए प्रचलित मुख्यधारा के मिथकों या अप्रचलित किसी चमत्कारिक मिथकीय आख्यान की पुनर्व्याख्या का नया पाठ तैयार कर लेने की सहूलियत भरा रास्ता लगभग नहीं चुनता। बद्री का रास्ता थोड़ा तिर्यक है। वह बहुत टेढ़े-मेढ़े रास्तों की ख़ाक छानता है। वह लोक

आख्यानों और जन इतिहास के बीच से हमारे समय की वास्तविकताओं को खोजता अनथक भटकता कवि है। उसकी आँख प्रकट से ज़्यादा उसके पीछे छिपे अप्रकट पर है। ज्ञात से ज़्यादा अज्ञात पर। लक्षित से ज़्यादा अभी तक अलक्षित रह गए पर। उसकी कविता उत्पीड़ितों के विश्वसनीय दस्तावेज़ों के लिए उनकी बुदबुदाहटों को पढ़ना चाहती है और पिछवाड़े में रची जा रही प्रतिरोध की कवितावलियों को खोजने की सतत कोशिश करती है। वह हिरणों के अपने इतिहासकारों और चिड़ियों के अपने दार्शनिकों को तलाशना चाहती है। उसकी कविता अपने शब्दों के प्रति गहरे सन्देह और सतर्कता से काम लेना चाहती है। शब्द से दुबारा क्रौंच पक्षी की कराह की रचना करना उसकी कविता का एजेंडा नहीं है। शब्द से पुनः कोई मनुस्मृति लिखी जाए यह भी वह नहीं चाहता। इतिहास की दुर्दान्त घोषणाएँ या तानाशाहों की आत्मकथाएँ लिखी जाएँ, यह भी उसकी मंशा नहीं। इन पंक्तियों में विन्यस्त ध्वनियों में वर्चस्व की बर्बर राजनीति के लिए मिथकों की व्याख्या की कुटिल राजनीति और चालाकियों को भी पढ़ा जा सकता है। 90 का दशक भारतीय समाज में वर्चस्व की राजनीति के लिए मिथकों और मिथकीय आख्यानों के हिंसक उपयोग का समय रहा है। उसमें मिथक की व्याख्याओं की जो बहुलता भारतीय समाज ने शताब्दियों में रची थी, उसे इकहरा बनाकर सिर्फ़ उस पाठ में अवमूल्यित कर दिया गया, जो दक्षिणपंथी राजनीति के लिए सुविधाजनक था और सत्ता प्राप्त करने का साधन बन सकता था। ये चालाकियाँ एक तरह से दक्षिणपंथी राजनीति का स्थायी एजेंडा बन चुकी हैं जो लौट-लौट कर इस अवधारणा का उपयोग करना चाहती हैं। बद्री इसलिए आख्यानों के उन पाठों को अपनी कविता में जगह देता है, जो हाशिये पर धकेल दिये गए समाजों द्वारा तैयार किए गए। जिनमें उनके अपने दुख-सुख और संघर्ष हैं।

बद्री की कविता में आए लोक-आख्यानों में बचपन की स्मृतियों का भोलापन भी है और गहरी करुणा भी। वह बिहार के जनैदी नाम के गाँव में पैदा हुआ। यह आरा ज़िले के सहार थाने में आता है। पिता

रेलवे में थे। रेलवे सुरक्षा बल में छपरा ज़िले पहलेजा घाट नामक स्थान पर कार्यरत थे।

सातवीं कक्षा तक की पढ़ाई गाँव में ही की। आठवीं करने के लिए छपरा के स्कूल में आना पड़ा। आरा में जैन विद्यालय नाम का एक छोटा-सा स्कूल था, जिसमें उसका दाखिला करा दिया गया और स्कूल में ही कई गतिविधियों में हिस्सा लेते हुए कविता में रुचि पैदा हो गई। कविता लिखने की शुरुआत छुटपन में ही हो गई। बद्री ने लिखा है कि जब मैंने कविता लिखना शुरू किया तब मेरी माँ के द्वारा गाए लोकगीत और लोककथाएँ संस्रोत के रूप में काम कर रही थीं। वामपंथी आन्दोलन के विचार ने उन सब संस्रोतों को धार दी। माँ से सुने लोक-आख्यानों की स्मृतियों तक ही यह स्रोत रुका नहीं रहा। बद्री इस स्रोत को लगातार अपनी खोजों से भरता रहा और बचपन के उस खजाने को बढ़ाता रहा। सबाल्टर्न हिस्ट्री के अध्ययन ने भी इस सामग्री में कुछ इज़ाफ़ा किया ही होगा। उसकी पहली कविता क़लम (जनवादी लेखक संघ की केन्द्रीय पत्रिका) में छपी थी। हाईस्कूल की पढ़ाई के बाद वह इलाहाबाद आ गया। कविता का क्रम भी चलता रहा और आन्दोलनों में हिस्सेदारी भी। 1992 में उसे प्रेमपत्र कविता पर भारतभूषण अग्रवाल पुरस्कार मिला।

इस कविता का अन्तिम अंश है :

*प्रलय के दिनों में*
*सप्तर्षि, मछली और मनु*

*सब वेद बचाएँगे*
*कोई नहीं बचाएगा प्रेमपत्र*

*कोई रोम बचाएगा*
*कोई मदीना*
*कोई चाँदी बचाएगा, कोई सोना*

*मैं निपट अकेला*
*कैसे बचाऊँगा प्रेमपत्र!*

केदारनाथ सिंह ने इस कविता पर अपनी टिप्पणी में लिखा था कि पुरस्कृत कविता विषम मानवीय परिस्थितियों के बीच एक ठेठ युवामन के प्रेम की पीड़ा को अनेक अर्थगर्भी संकेतों के द्वारा व्यक्त करती है, जिसके स्थापत्य में लोककविता जैसी सहजता और मार्मिकता है। कविता की भाषा में परम्परा की अनेक अनुगूँजों तथा अभिप्रायों का सार्थक उपयोग किया गया है, जो समकालीन कविता के शिल्प की एक नई सम्भावना की ओर संकेत करता है। इसी टिप्पणी में केदार जी ने यह भी कहा था कि इस कविता को चुनते हुए कवि की अनेक कविताएँ भी उनके ध्यान में थीं। इसलिए अगर हम बद्री के पहले संग्रह *सच सुने कई दिन हुए* को देखें तो उसमें एक कविता है 'ताना-बाना' जिसमें वह चाहता है कि हिरणी जिसके छौने को कोई कर ले गया अहेर उसके लिए दो आँख बनाना और न्याय का पलड़ा जो झुक रहा है टेढ़ा, उसके लिए बढ़िया बाट बनाना। उसकी नज़र इस बात पर है कि इस वर्गीय समाज में न्याय के तराजू का एक पलड़ा एक तरफ़ झुक गया है, उसे दुरुस्त करना ज़रूरी है, उसके पलड़े के लिए नए बाट बनाने की ज़रूरत है जो इस तराजू को वापस सही कर सके। बद्री की कविता की निगाह अगर दमन और अन्याय पर है तो न्याय में हो रही गड़बड़ी पर भी है और इसी संग्रह में एक कविता है मेरे ज़माने का घोषणापत्र, जिसमें वह घोषणा करता है कि उसमें कोई आपातकाल नहीं होगा। *मोती को आब मिलेगा / मानुष को ख़्वाब।* यह सिर्फ़ मनुष्य के सबसे सुन्दर स्वप्न को बचाने की चिन्ता ही नहीं है वस्तुतः इस कविता की कोशिश एक वैकल्पिक शक्ति संरचना का विमर्श खड़ा करने की है।

यह कहा जा सकता है कि यह उत्तर औपनिवेशिक सैद्धान्तिकी का प्रभाव है; अजय तिवारी ने लिखा है कि यह प्रभाव बद्री अपने ढंग से लेते हैं। लोकसंस्कृति और उपेक्षित इतिहास से बद्री नारायण का घोषित सम्बन्ध रहा है। लेकिन बद्री अत्यन्त सजग हैं। वे इन दोनों धाराओं से अपनी

शक्ति लेते हैं, राजनीति नहीं। वे जानते हैं कि बाज़ारवादी नई दुनिया एक करुण बिम्ब की तरह लोक को गौरवमंडित तो करती है लेकिन उसके जीवन्त और प्रतिरोधी पक्षों को स्वीकार नहीं करती। बद्री के इस पक्ष को अलग से रेखांकित किया जाना ज़रूरी है। बहुत सारी कविता लोकतत्त्वों और लोक-आख्यानों का एक ऐसी युक्ति के रूप में उपयोग करती है, जिससे वह लुभावनी और सजावटी तो बन जाती है लेकिन उसमें लोक का प्राणतत्त्व और प्रतिरोध का ताप ग़ायब हो जाता है। अजय तिवारी ने बद्री के संग्रह *शब्दपदीयम्* की समीक्षा करते हुए लिखा है कि बद्री को लोकवादी कवियों से एकमेक नहीं किया जा सकता। एक तो इसलिए कि उनके यहाँ प्रकृति और मनुष्य की अटूट लय नहीं है, बल्कि दोनों में शुरू से ही ज़ोर-आज़माइश चल रही है। इसलिए लोक वहाँ जीवन की वर्तमान जटिलताओं से ऊबे हुए मन की शरणस्थली नहीं है। दूसरे इसलिए कि उनके यहाँ लोक के संस्कृतिकरण और आदर्शीकरण की प्रक्रिया नहीं है। और आगे यह भी कि स्पष्टतः, बद्री नारायण लोक की संवेदना को नई जीवन-स्थितियों से जोड़कर रचनात्मक आशय के रूप में उसका उपयोग करते हैं, पर उससे बँधते नहीं।

## 2

समाज का वर्चस्वशाली वर्ग सभ्यता समीक्षा और संस्कृति के पाठ तैयार करता है जिसमें वह मिथकीय आख्यानों को या तो अनुकूलित करता है या विरूपित करता है। बद्री की कविता इस अनुकूलन और विरूपण को बेपर्द करते हुए पीड़ित-दमित समुदायों की स्मृतियों में अभी तक बचे हुए वास्तविक पाठ का पुनर्पाठ करने की कोशिश करती है। अखिलेश ने सही लिखा है कि दरअसल मुख्यधारा की परम्पराएँ उसे रास नहीं आतीं और नाकाफ़ी लगती हैं। विश्वकर्मा पूजा कविता सत्ता प्राप्त करने के लिए साधारण जन की खोजों और आविष्कारों को किस तरह वर्चस्वशाली शक्तियाँ अपने अधीन करती जाती हैं और इसके लिए किस-किस तरह

के कुचक्र रचती हैं, का ही उदाहरण है। मिथकीय, ऐतिहासिक और वर्तमान सन्दर्भों को एक साथ गूँथकर कवि ने इस आख्यान को एक बड़ा अर्थ दे दिया है :

*लोहा जिसकी स्तुति में रचे गए हैं कई श्लोक*
*उसी से सुदर्शन चक्र बना था जिससे मारा गया था*
*विंध्य पर्वत में सुदाम*
*सुना है कि सुदाम सम्पूर्ण आर्यावर्त में*
*लोहे का सबसे अच्छा कारीगर था*
*और यह हत्या पूरी सभ्यता में लोहे से की गई*
*पहली हत्या थी*
*इसी से मारा गया था उनका लोहासुर*
*और यह लोहे से की गई दूसरी हत्या थी*
*तीसरी बार तो इससे मारे गए थे अनेक*
*इसी से बधिकों ने ख़ूबसूरत चिड़ियों और*
*हुलसती हिरणियों को मारा था*
*इसी से वह तलवार बनी थी,*
*जिससे शम्बूक का सर कटा था।*

इस तरह के उद्धरणों में सत्ता पर क़ाबिज़ होने के लिए बर्बर हिंसा के ब्यौरे ही नहीं हैं, इन कविताओं के अन्तर्पाठ में सवर्ण और अवर्ण के विमर्श को भी पढ़ा जा सकता है। विश्वकर्मा पूजा वस्तुतः सर्जक मनुष्य के दुख और उसकी हत्या की कथा तो है ही साथ ही वर्चस्वशाली शक्तियों द्वारा मनुष्यों के श्रम और कौशल को छीन लिये जाने का आख्यान भी है। कहना न होगा कि बद्री की कविता में एक कथा सघन रूप से या कुछ संकेतों में हमेशा ही मौजूद रहती है। 90 के बाद बाज़ार और उसके विज्ञापनों की दुनिया ने कविता की बिम्ब की भाषा पर आक्रमण सा कर दिया। विज्ञापन और इलेक्ट्रॉनिक मीडिया ने चारों ओर बिम्बों का एक सघन जाल सा बुन दिया। इलेक्ट्रॉनिक मीडिया द्वारा रचे गए बिम्बों का

यह आक्रमण कवि की निजता में भी दख़ल दे रहा है और उसके सोचने की स्पेस को भी सीमित कर रहा है। बाज़ार द्वारा बिम्ब की जो प्रतिभाषा तैयार की गई इसका प्रत्याख्यान आख्यान से हो सकता था या एक बिलकुल अभी तक अछूते या त्याज्य रहे बिम्बों के पास जाकर किया जा सकता था। बद्री नारायण की कविता इन दोनों ही रास्तों को अपनाती है। उसमें हमेशा ही कोई न कोई आख्यान या कहें कि कोई छोटा सा उपाख्यान तो मौजूद रहता ही है, वह उन मिथकों, बिम्बों और शब्दों के पास जाती है जिनमें 'बहुत सारे परित्यक्त, मलिन और बेसहारा संवेदन पहली बार' (अखिलेश *शब्दपदीयम्* की भूमिका) कविता में शामिल होते हैं। अनेक कुजात शब्द अपने अर्थ को स्वाधीन करते हैं।

## 3

*मैं तो जनतांत्रिक समय में जी रहा एक संवादी नागरिक हूँ।*

यह समय एक साथ हमारे जनतंत्र के लिए और काव्य परिदृश्य के आन्तरिक जनतंत्र के लिए संकट का समय है। बद्री की चिन्ता जितनी समाज में जनतांत्रिक जगहों को बचाने की है उतनी ही कविता के आन्तरिक जनतंत्र को बचाने की भी है। वस्तुतः ये दोनों संकट अलग-अलग नहीं हैं। एक-दूसरे से नाभिनालबद्ध हैं। बद्री की कविता इस कठिन समय में एक संवादी नागरिक होने की इच्छा की कविता है। सत्तर के बाद की कविता एक साथ कई स्तरों पर अधिक जनतांत्रिक हुई है। अपने भाषा-व्यवहार में और शिल्प में वह अधिक संवादी हुई है। उसमें आसपास के जीवन दृश्य और जीवनानुभवों की सघनता बढ़ी है। बद्री नारायण की कविता सीमान्त पर खड़े समुद्र से बात करने की इच्छा और कोशिश की कविता है। वह अपेक्षाओं और उसकी सीमा को जानती है। उसमें आकांक्षाओं और सपनों के पूरा न हो पाने की उदासी है लेकिन यह कविता अपने को उस कवि की वंश परम्परा से जोड़ना चाहती है जिसका गीत मछुआरों

की बस्ती के बाहर गोल बाँधकर बैठी स्त्रियाँ गाती हैं। अरुण कमल ने सही इंगित किया है कि बद्री नारायण की कविता ने 'लोक, शास्त्र और इतिहास से जो तत्त्व अर्जित किए वे अब और भी परिपक्व, सान्द्र तथा बहुवर्णी हुए हैं। और यह भी कि जो सर्वथा नया और अप्रत्याशित है वह है समाज, सभ्यता और जीवनमात्र की निस्पृह समीक्षा। शायद इसीलिए बद्री की कविता लोकवाद के ख़तरों के प्रति बहुत सजग है और सतर्क भी।

बद्री की कविता में ऐसा कुछ हमेशा ही रहा आता है, जो अनोखा है, जो उसे दूसरों के बीच भी दूसरों से अलग करता है। उसे अलग से पहचाना जा सकता है। वही उसका बद्री नारायण होना है :

*अगर तू सूर्य होता*
*तो दिन भर आसमान में जलता रहता*

*अगर तू चाँद होता*
*तो पूर्णिमा से एकम तक*
*तुझे रोज़ रोज़ कसाई के कत्ते से*
*कटना पड़ता। अगर तू तारा होता मेरे लाल*
*तो मुझसे कितना दूर होता*
*अच्छा हुआ तू बद्री नारायण हुआ।*

**—राजेश जोशी**

# क्रम

## सच सुने कई दिन हुए



## शब्दपदीयम्

**असंकलित कविताएँ**

## आइस-पाइस

बैठे हैं हम
गोल में
पहाड़ पर
खेलने आइस-पाइस

हमने कहा
नदी आइस-पाइस
पेड़-पौधे हरियाली आइस-पाइस

आइस-पाइस बादल
तूफ़ान आइस-पाइस

हम ताक में हैं कि
कह दें
मौत आइस-पाइस

## प्रेमपत्र

प्रेत आएगा
किताब से निकाल ले जाएगा प्रेमपत्र
गिद्ध उसे पहाड़ पर नोच-नोच खाएगा

चोर आएगा तो प्रेमपत्र चुराएगा
जुआरी प्रेमपत्र पर दाँव लगाएगा
ऋषि आएँगे तो दान में माँगेंगे प्रेमपत्र

बारिश आएगी तो
प्रेमपत्र ही गलाएगी
आग आएगी तो जलाएगी प्रेमपत्र
बन्दिशें प्रेमपत्र पर ही लगाई जाएँगी

साँप आएगा तो डँसेगा प्रेमपत्र
झींगुर आएँगे तो चाटेंगे प्रेमपत्र
कीड़े प्रेमपत्र ही काटेंगे।

प्रलय के दिनों में
सप्तर्षि, मछली और मनु
सब वेद बचाएँगे
कोई नहीं बचाएगा प्रेमपत्र

कोई रोम बचाएगा
कोई मदीना
कोई चाँदी बचाएगा, कोई सोना

मैं निपट अकेला
कैसे बचाऊँगा तुम्हारा प्रेमपत्र!

## हिंस्त्र आत्माएँ पहचान ली जाती हैं

लकड़ी में छुपे तो बढ़ई चीर देता है
लोहे में काटता है लोहार
सोने में गला देता है सोनार
हिंस्त्र आत्माएँ पहचान ली जाती हैं

मिट्टी में छुपे तो कोड़ देता है किसान
दूध में हंस चीन्ह लेता है
काले घोड़े की नाल में साईस को
पहले हो जाता है भान
राजा के नग में बैठे तो
प्रजा जान जाती है
वज़ीर की बुद्धि में
जान जाते हैं सिपहसालार

घुसना मना है
हवा में
पानी में
पूरी दुनिया में उठती मिट्टी की गंध में

पुआल में छुपे तो
धौरा बैल जान जाता है

मौसम में छुपे तो घाघ
गाय के खुरों में घुसने पर बैद्यराज
टन्ना, कबड्डी, फुटबाल में पहचान जाते हैं बच्चे
जहाँ भी जाती हैं हिंस्त्र आत्माएँ
पहचान ली जाती हैं
पहचान ली जाती हैं तो
खदेड़ दी जाती हैं।

## मत होना उदास

कुछ जून ने बुना
कुछ जुलाई ने
नदी ने थोड़ा साथ दिया
थोड़ा पहाड़ ने
बुनने में रस्सी मूँज की।

प्रभु की प्रभुताई बाँधी जाएगी
यम की चतुराई
हाथी का बल
सोने-चाँदी का छल बाँधा जाएगा
बाँधा जाएगा
विषधर का विष

कुछ पाप बाँधा जाएगा
कुछ झूठ बाँधा जाएगा

रीति तुम चुप रहना
नीति मत होना उदास।

## प्रेमगीत

मेरे कुरते में चाँद का कॉलर
और तारे का बटन

मेरे कुरते में
पहाड़ों की पीठ पर भागती हिरणी के धुँधले पाँव
मेरे कुरते में
सोने के केशोंवाली लड़की से मिलने की चाह

मेरे कुरते में
पिताओं का गुस्सा
और सामाजिकों का आक्रोश

गर्मी की साँझ की रूमानियत
और शरद का आवेग
मेरे कुरते में

मेरे कुरते में
ऋतुओं के बाजे
हाँ प्रिये, मेरे कुरते में
मेघों के नगाड़े।

# न होने के विरुद्ध दो कविताएँ

1

काठ छेद रहा है कठफोड़वा
पानी चट्टान
फ़रेब कोई नहीं छेदता

कोई नहीं भेदता गुमान
माया कोई नहीं छेदता
कोई नहीं भेदता अन्धकार

अग्नि ऐसे ही जल रही है
हवा ऐसे ही बह रही है।

2

सुमन सात का हुआ
बाबा सत्तर पार

सूरज अँधेरा नहीं काटता
गिलहरी नहीं काटती रेशम की डोर
हंस दूध का दूध, पानी का पानी नहीं करता
अग्नि जलाती नहीं हमारे चूल्हे
कुल्हाड़ी नहीं फाड़ती वज्र किवाड़
सर्प डसता नहीं महाजन के पाँव
पान अशुभ के ख़िलाफ़ कुछ नहीं करता
तराजू देता नहीं हमारे अंश

हँसिया काटता नहीं हमारे दुःख

संतो! कहें तो किससे कहें
जाएँ तो कहाँ जाएँ।

## मलमल

मलमल पर दे रहे हैं चून कलीमुद्दीन
दीये की धीमी लौ में

कुछ उससे कह लो कलीमुद्दीन
कुछ उसकी सुन लो कलीमुद्दीन
बीड़ी पीने में ज़्यादा वक़्त न गँवाओ

देखो देखो देखो
मलमल आसमान में उड़ा

कलीमुद्दीन चढ़ा रहे हैं मलमल पर चून
वह बार-बार फिसल जाता
उनके हाथ से

बड़ा ग़रूर है तुझे मलमल
अपने पर
जा तुझे चीक हत्यारा पहनेगा
जा तुझे ले उड़ेगा बड़रौना के
जंगल का गिद्ध

हाय!
मलमल साहब-सूबेदार पहनेगा
जो रोज धाँगता है
कलीम की परछाईं

मलमल पहनेगी हसीना फ़ारस की
घोड़ी काबुल की

हाय मलमल!
तुझे वे नहीं पहनेंगे
जिन्हें रोज़ सपने में
कलीम भाई चाहते हैं पहनाना।

## धूप, चाम और निरघिन राम

चैत की धूप है
और चमरटोली के छप्पर पर सूख रहे हैं चाम
कई पाँवों के जूते बनने हैं
कई पाँवों के सपने में उड़ने का होना है इन्तज़ाम
कई की शादी होनी है
कई को परदेश जाना है

कोर्ट-कचहरी आते-जाते
थाने का चक्कर लगाते
कई फटे पाँवों की करनी है रखवाली
कई को सर्पों से बचाना है

कई को बिच्छुओं के डंक से
कई पाँवों को हुक्म की तामील करनी है
कई को अपनी बेटियों की शादी खोजने
पूरब बनिज जाना है

अरे रोना है, तो जूते में रो ले
कोई जाने, कोई जान भी न पाए
कई पाँव जिनमें नये जूते देख
सूदखोर तय कर सकेगा कि इन्हें अभी भी दिया जा सकता है क़र्ज़
कई पाँवों को पहाड़ ठेलने में दिया जाना है साथ
कई पाँवों की लाज बचानी है

चैत की धूप में
छप्पर पर सूख रहे हैं चाम
और निरघिन राम अपनी धुन में गुनगुना रहे हैं।

## चितकबरे घोड़े के लिए कविता

सच बोलना चितकबरे
नाथ से, चाबुक से, एड़ी से सच बोलना
सवारी से तो ज़रूर सच बोलना
जई से, खली से सच-सच बोलना

सच सुने कई दिन हो गए
सच देखे कई दिन हो गए।

## सप्तर्षि

सप्तर्षियों में से
कल एक ऋषि निकालकर फेंक दिया जाएगा

उसने कहा है
हवा को आँधी नहीं बनना चाहिए
पानी को नहीं बनना चाहिए बाढ़
आग को हारिल का बच्चा नहीं भूनना चाहिए
चिड़िया को नहीं बोलना चाहिए कुबोल
शिकारी को नहीं साधना चाहिए
हिरण पर बाण

उसने कहा है
भगवान को भगवान की तरह व्यवहार नहीं करना चाहिए
कल जब फिर रात घिर जाएगी
सच मानो
सब होंगे
वह न होगा
सबसे उज्ज्वल, सबसे सुन्दर तारा।

## मेरे ज़माने का घोषणापत्र

न गिद्ध, न गिद्ध की चोंच
न सियार की धूर्तता, न चीते की आँख
न जुलुमी, न ज़ालिम, न हत्यारा

सज्जनों का पूरा सम्मान होगा
मेरे ज़माने में
तोते को मैना से प्यार होगा
बाघों का सामाजिक बहिष्कार होगा
लोमड़ी निपूती होगी
भेड़िया निर्वंश
साँप के फन पर प्रहार होगा

हमारे यहाँ नहीं होगा आपातकाल
मोती को आब मिलेगा
मानुष को ख़्वाब

सेमल अगर सेयेगा सुग्गा
तो सुग्गे को प्रतिदान मिलेगा
बाज़ को सत्ता नहीं मिलेगी
न काग को शासनादेश

मेरे ज़माने का बिलकुल नया संविधान होगा

कुछ भी नहीं होगी
माया की,
न चिड़ियाँ, न नदी
न कंगन, न करधनी

आत्मा नहीं होगी/चनक शीशे की बनी
न देह माटी का मकान होगा
चकवा को बचाना होगा
चकई को हँसाना होगा
हारिल के बच्चे को

गोद में खेलाना होगा
बदला-बदला होगा सब कुछ
मेरे ज़माने में
न फन्दा होगा, न जाल
न सभा बीच/अंगुलिमाल
मेरे ज़माने के सिक्कों पर
खुदा होगा
सरसों के फूलों का हार

लाल-लाल लीची होगी
हरा-हरा आम।

## मत भूलना

मुझे मत भूलना
मैं हूँ
पेड़ों पर पत्तों का हिलना
मैं डालों पर फलों का डोलना हूँ
मैं हूँ कोटर में
सुये का टुप-टुप बोलना

मुझे मत भूलना
मैं हूँ ऋतुओं के हाथों का अनगिन वाद्य
मैं हूँ कलरव, मैं हूँ अनत-निनाद
मैं हूँ पृथ्वी में पाँवों का अनहद-नाद।

मैं माटी और मानुष का आदिम संसर्ग हूँ
मुझे मत भूलना।

## पाशविकों की वार्ता

हम और आप!
आधी चिड़ियाँ हैं आधा साँप
हम में शामिल है
भालू की आँख

हमारी नैतिकता में
रहे पाशविकता
हमारे पास उसके पंजे रहें
आपके पास दाँत

हमारे पास ठीहा है
चाकू रखिए आप

हम लेते हैं चुप्पी
गुर्राहट लीजिए आप
हम...
और आप...

# आधी रात में रुलाई का पाठ

आधी रात में मैं करना चाहता हूँ
एक रुलाई का पाठ
जो एक शहर की सड़क पर
उसके सम्पूर्ण वैभव के ख़िलाफ़ रोई जा रही है।

हालाँकि यह मैं भली-भाँति जानता हूँ
कि अब तक जो भी हुए हैं रुलाई के स्मृतिकार
एक-एक कर मिटा दिए गए हैं
अगर कहीं बच गया है ग़लती से उनका कोई हर्फ़
तो उसे दूसरा अर्थ देने के लिए
नयी पद्धतियाँ गढ़ ली गई हैं।

एक कवि ने कोशिश की थी,
रुलाई की विवेचना करने की
और ख़ुद भी रुलाई में तब्दील हो गया था
मेरा एक मित्र जो वैज्ञानिक था, खोजना चाहा था
उसका अन्त:-तत्त्व
और ख़ुद भी उसके तत्त्व में बदल गया था
और यह तो मेरी आँखों के सामने ही घटित हुआ था
कि एक दार्शनिक ने दिया था रुलाई पर व्याख्यान
और ख़ुद रुलाई बन दुनिया में गूँजने लगा था,

उसने कहा था,
सृष्टि का आदि शब्द 'ओम' नहीं 'रुलाई' है
जो स्वरों और व्यंजनों में फैलता रहता है
सब देखते रह गए थे और उसने सिद्ध कर दिया था—

कोई ज़रूरी नहीं कि हर रुलाई में आँसू आए,
आह निकले, ओह निकले, कोई ज़रूरी नहीं।
शुल्व सूत्र में एक वृत्तान्त है कि
विंध्य के उस पार जो ढह गए हैं मूँगे के पहाड़
वो वस्तुतः एक गूँगे के रोने से ढहे हैं।

पुराणों में कहीं-कहीं उन हिरणियों की रुलाई का भी ज़िक्र है
जिनकी कृष्ण खाल पर यज्ञों में चलने की पवित्र प्रथा प्रचलित थी
सदियों पहले जब ध्रुवतारा पेशावर में उगता था
तो आकाश के केन्द्र से अपने इस निष्कासन के
ख़िलाफ़ रोता था
पृथ्वी और आकाश में ऐसी जितनी गड़ी हैं रुलाइयाँ
मैं उन रुलाइयों का पाठ करना चाहता हूँ।

## कोई ऋषि नहीं, यह कुत्ता लिख रहा है

बुदबुदाहटें दुनिया भर के उत्पीड़ितों की सबसे विश्वसनीय दस्तावेज़
होती हैं
अतः मैं इस औरत की बुदबुदाहटों को पढ़ता हूँ
जो ठिठुरती ठंड में सप-सप चलती हवा के बीच
इस पृथ्वी पर एक ट्रेन के एक डिब्बे में बैठी है

जिसका नइहर मसौढ़ी है और ससुराल जहानाबाद
जो अपना परिवार लेकर कलकत्ता भाग जाना चाहती है
उस परिवार को लेकर, जो अब इस दुनिया में बचा ही नहीं है
वह चीख़ रही है, चिल्ला रही है, उन चिल्लाहटों में हैं, कुछ ऐसी चिल्लाहटें

जो दुनिया में उपलब्ध विपुल साहित्य भण्डार में कहीं नहीं हैं
लिखित साहित्य में तो बिलकुल नहीं
सपसपाती ठंड में वह जिसे देखती है कम्बल ओढ़े
मेरा कम्बल, मेरा कम्बल
कहकर चिल्लाने लगती है
मेरा कम्बल दे दो, दे दो मेरा कम्बल
वह जिसे देखती चप्पल पहने
मेरी चप्पल; मेरी चप्पल देखिए वह मेरी चप्पल लिये है,
कहकर चिल्लाने लगती है
गाड़ी रुकती है किसी स्टेशन पर
यार्ड में घूमता लाइनमैन डाँटता है—चुप पागल
उसी समय न जाने क्यों एक कुत्ता रोना शुरू करता है
हो सकता है, उस कुत्ते की रुलाई में इस औरत की किसी महान
विपदा की गाथा छुपी हो
जिसे गार्ड, ड्राइवर, जनता और लाइनमैन न जानते हों
जो उसके पागल होने की सम्भावना को जड़ से निरस्त करती हो,
जो उस औरत का पुलिस और हत्यारों के ख़िलाफ़
जीवन भर किए गए असफल प्रतिरोध का शोकमय आख्यान हो
और जिसे कोई ऋषि नहीं, यह कुत्ता लिख रहा हो।

## शब्दपदीयम्

मैं शब्द हूँ
शंकर के डमरू से निकला
और इधर-उधर बिखरा
न जाने कब कोई इन्द्र आए

और रात के तीसरे पहर
मुझी से
अहिल्या का दरवाज़ा खुलवाए
कोई चाँद पर फेंक कर मारे मृगछाल
और मेरी ही आवाज़ आए,

गरदन में शराब का घट बाँधे
कब कोई सेनापति आए
और मुझी से गाँवों को जला देने के लिए
योद्धाओं में जोश जगाए
मैं शब्द हूँ इसलिए ब्रह्म हूँ
बीच जंगल में न जाने कोई व्याध
मुझी को सुन
सरवर तट पानी पीती हिरणी पर शब्दभेदी बाण चलाए,
कब कोई गवैया, कब कोई भाँट आए
और मुझी से किसी आततायी राजा का
इतिहास लिखवाए
मैं शब्द हूँ मैं नहीं चाहता
फिर किसी क्रौंच पंछी की कराह में बदलना

मैं शब्द हूँ
अजब कशमकश में पड़ा
कहीं मुझे ही सुन बाग में फूलों में बैठा तक्षकनाग
किसी चिड़िया को डसने में सफल न हो जाए

मैं अब भी हूँ पहले की ही तरह
अनन्त ऊर्जा से भरा
पर कत्थई रंग की तरह उदास

कि कहीं मेरे ही प्रयोग से कोई इस धरा को भस्म करने का
फिर से वरदान न पा जाए

मैं शब्द हूँ
कहीं मुझी से कोई मनुस्मृति
फिर न लिख दी जाए

कहीं मुझी से फिर न लिख दी जाएँ
इतिहास की दुर्दान्त घोषणाएँ
तानाशाहों की कहीं लिख न दी जाएँ
मुझी से आत्मकथाएँ

मैं शब्द हूँ
डरता हुआ
नगाड़ों की गड़गड़ आती आवाज़ के बीच
एक हिरण के मन की तरह
अनकता हुआ।

## थोड़ी देर

इतना फैला, इतना कद्दावर
इतनी तरफ़ जड़ फेंकता
न जाने किसका बनाया यह वंशवृक्ष
मेरे अस्तित्व में फैल चुका है
इसके तने भर गए हैं मेरे सीने में
इसकी जड़ें मेरी उँगलियों तक फैल गयी हैं।

मेरे लकड़हारो!
थोड़ी देर के लिए जड़ से काट दो
यह वंशवृक्ष
हालाँकि ऐसा करने से रक्त मेरा ही गिरेगा
मज्जा मेरी ही कटेगी
विधुना जाएँगी मेरी नसें
पर क्या करूँ
मैं थोड़ी देर के लिए इस वंशवृक्ष से मुक्त होना
चाहता हूँ
ताकि थोड़ी देर भर सके मेरी आत्मा में निर्मल जल
और इसमें भर गया रेत झड़ सके
थोड़ी देर मैं इस थोपी सनातनता से मुक्ति चाहता हूँ
थक गया हूँ परम्परा की अनुकृति करते-करते
थोड़ी देर मैं मौलिक होना चाहता हूँ।

## माँ का गीत

अगर तू सूर्य होता
तो दिन भर आसमान में जलता रहता
अगर तू चाँद होता
तो पूर्णिमा से एकम तक
तुझे रोज़-रोज़ कसाई के कत्ते से
कटना पड़ता
अगर तू तारा होता मेरे लाल
तो मुझसे कितना दूर होता
अच्छा हुआ तू बद्री नारायण हुआ।

## घर

जहाँ बिल्ली को खदेड़ता
दिख जाएगा ख़रगोश
वहीं अपना घर बनाऊँगा

वहीं शीत-वसन्त लाऊँगा
वहीं लगाऊँगा
सेब, नारंगी, सन्तरा

वहाँ कामधेनु पोसूँगा,
वहीं कवियो, बुलाऊँगा तुम्हें
और काव्य पाठ कराऊँगा
जहाँ बिल्ली भागती होगी
और पीछे से खदेड़ता होगा
ख़रगोश...

## हो सकता है

हो सकता है
आपके पिछवाड़े
रची जा रही हो प्रतिरोध की कवितावली
और आपको पता तक न हो
आपको पता न हो कि
उसे एक बूढ़ा बाप अपने उस बेटे के ख़िलाफ़ रच रहा है
जो पुलिस बन अपने ही लोगों पर ज़ुल्म ढा रहा है

यह भी सम्भव है कि यह व्याकरण
एक पत्नी अपने उस पति के ख़िलाफ़ लिख रही हो जो
पैसे के कारण भरी जवानी में बम्बई जा बैठा है
और यह व्याकरण छान चूती बारिश की मुख़ालफ़त से शुरू होकर
पैसा, पति और अन्ततः इस सत्ता की मुख़ालफ़त
में तब्दील हो जाता हो,

हो सकता है यह शास्त्र एक कुत्ता अपने कुत्ता होने के विरुद्ध
बार-बार भगवान के मन्दिर में
मूर्ति के पास पेशाब कर लिख रहा हो और मन्दिर का पुजारी
इसके लिए उसे बार-बार दुत्कार रहा हो
यह भी हो सकता है कि एक चिड़िया इसे
किसी पुजारी के ख़िलाफ़ चुपके-चुपके अंजाम दे रही हो

जो जिसकी शान में सिजदा करता हो
उसी के ख़िलाफ़ कुछ बोले।

## न जाने क्या हुआ

न जाने क्या हुआ
कल एक राजा नींद में चिल्ला उठा
मंत्रियो! मुझे लोकगाथाओं में जगह चाहिए

चिन्तित हुए सारे मंत्री
अधिकारी हैरान
जिसके पास पुलिस है असंख्य सेना है

जलदुर्ग, थलदुर्ग
जिसके पास चौंसठ क़िले हैं
उस राजा को क्या ज़रूरत पड़ी
लोकगाथाओं में जगह के लिए

हुआ गहन विचार
शब्द, सत्ता, स्मृतियाँ
मिथक, गाथा, पुराण
पुरखे, पुरोहित

ओम! ओम! ब्रह्म ज्ञान
सबको आमंत्रित किया गया
सबने सुना, सब सोच में पड़ गए
इस राजा के लिए लोकगाथाओं में कैसे जगह बनाई जाए
चलो, यह राज़ किसी मदारी से जाना जाए
ख़ैर साहब

न जाने कहाँ से पकड़
एक बाज़ीगर बुलाया गया
उसे सारी स्थितियों से अवगत कराया गया
सब सुन हँसा मदारी
यह लो हाऽऽ हाऽऽ हाऽऽ

राजा को भी अब लोकगाथाओं में जगह चाहिए
जगह भी वहाँ जहाँ लोकगाथाओं में
नायक बैठते हैं
अचानक वह हुआ गम्भीर
फिर पूछा
कवियों से बात की?

नहीं! लेखकों से बात की? नहीं!
गाँवों में जिनकी आँखों में डूबता है सूरज
उन बूढ़ी औरतों से बात की?
नहीं!
तो मूर्खो
राजा के लिए किस तरह और कैसे जगह बनाओगे
लोकगाथाओं में,
इसके लिए गलियों, पेड़ों, चिड़ियों से
बात करनी होगी
हवा को समझाना होगा
पानी को मनाना होगा
बीजों को कहीं ले जाकर धीमे से बुझाना होगा।

कायाकल्प करना होगा
इतने पर भी नहीं होगा
सबसे बड़ी बात है
कि राजा को मरना होगा।

## वंशावली

पेड़ों के वंश में पत्ते भी थे
पर पेड़ों की वंशावली में पत्ते नहीं हैं
नहीं हैं चिड़ियाँ
इसमें तो इसके नीचे वर्षों साधना करनेवाले
बुद्ध भी नहीं हैं

इतने वर्षों रोया हूँ मैं इसके नीचे
पर इसमें तो मैं भी नहीं हूँ
इसमें होनी चाहिए थी वह लड़की
जिसने इसी से लटककर कर ली थी आत्महत्या
और जिसकी आत्मा बया चिड़िया का खोता बन
आज भी शाखों पर झूल रही है

वे भिक्षुणियाँ कहाँ हैं इसकी वंशावली में
जो घरों की चारदीवारी फाँद कर आई थीं इसके पास
इसमें वह आदमी भी नहीं है
जिसने भूख से व्याकुल हो तोड़ लिया था
इसका पहला फल,

इसलिए कहता हूँ कि ग़लत है
बिलकुल ग़लत है
पेड़ों की वंशावली।
जिसमें एक ठूँठ है
सबको ठूँठ में बदलता हुआ।

## नागरिक-बुद्ध संवाद

अब भी नगर में बजते हैं घंटे
अब भी रोहिणी, पुर्णिका, पटाचारा
आदि स्त्रियों के गृहत्याग की पूरी सम्भावना है
अब भी यहाँ दिन अत्यन्त दमनकारी होते हैं
रातें दुखदायी

समय यहाँ काठ की घंटी की तरह बजता है
जब भी यहाँ बड़ माता व्रण से विकल है
अब भी यहाँ नट, भाँट, गवैये, चुगलख़ोर
और चमकती-दमकती कसे उरोजों वाली वेश्याएँ
विशिष्ट सभाओं में पहले प्रवेश पाती हैं
मेरे लिए यहाँ कोई भी सुबह
नई नहीं होती भन्ते

नागरिक आबादी में शीर्ष स्थान पाए
नगर श्रेष्ठि, प्रसिद्ध तस्कर जेत राजकुमार
वेणुवन में विश्राम कर रहे नवधनाढ्य वस्त्र व्यवसायियों
की आक्रामक मुद्राएँ
मुझे रोज़-रोज़ आहत करती हैं
क्योंकि तूने दिया है मुझे मादल जैसा मन
जो हरेक चोट पर बज उठता है

मैं फिर तुम्हारा दरवाज़ा खटखटाता हूँ सिद्धार्थ
मैं तुम्हारी निद्रा भंग करता हूँ
कि सुनो! पीतवसन राजा
जो सारे गणतंत्रों में बहुमत से जीत कर आया है
वह इन्हीं के द्वारा दान में दिए रथ पर सवार
हमारा कल्याण देखने आता है और अपनी शक्ति के उन्माद में
रोज़ हज़ारों गौतमियों से बलात्कार करता है।

उसके नवरत्न जो कला, साहित्य, ज्ञान, विज्ञान के क्षेत्र के
जाने-माने अपराधी हैं, वे उसके पौरुष के गुण गाते
और वह उन्हें मेरी आँखों के सामने ही
अंगवस्त्र एवम् नारियल से पुरस्कृत करता

हालाँकि वह जानता है कि इस जन्म का यह कवि
उस जन्म का श्रमण था और काल के किसी मुकाम पर
मेरी शिकायत बुद्ध से कर सकता है।

यहाँ सावन में रोते हैं मोर हे गौतम!
जो भी गुणवंत जब भी सभा में आते
तो हे सिद्धार्थ! इस जनपद की कल्याणी प्रसिद्ध कलादेवी
जो मशहूर नृत्यांगना है, सबसे रोज़ शराब का घड़ा ढोवाती
वह न जाने कितने कलश मदिरा रोज़ पी जाती
और सबको नचाती,
पर समय की विडम्बना देखिए हे आर्य,
वही आगे चलकर टीकाओं और स्मृतियों में भारतीय परम्परा के
मूल स्वर के रूप में स्थापित हुई है।

हम यहाँ समय का विकराल जुआ ढो रहे हैं अज्ञातचेता
और तुम किसी जेतवन में विश्राम कर रहे हो,
पर हमें कहीं नसीब नहीं है चैन,
जब हम किसी उद्यान में घूमने चले जाते हैं
तो हे वर्धमान! वहाँ मिल जाते हैं विलासी

जो किसी रमणी का अधर चूस अभी-अभी आए होते हैं
और उसी को मानुष जीवन की चरम उपलब्धि बता रहे होते हैं

क्या इन सबको कभी नहीं होगा, ऐश्वर्य का दुःख हे बुद्ध!

एक दिन मैं गुज़र रहा था राजपथ से
वहाँ हो रही थी गणसभा

गणसभा में देखता हूँ क्या कि
एक श्वेत पक्षी उपस्थित जन जूथ को
रक्त मांस का लोथड़ा समझ
चोंच में दबा उड़ जाने की तैयारी कर रहा है

इस तैयारी को देख, मैं हैरान था हे महाज्ञान,
जैसे ही हिरण जैसा एक युवा
जीवन जीने की कुशा उठाता है
तो उसे डस लेता है एक सोने का साँप
और उसका विष पवन वेग से उसके हृदय गह्वरों में
फैल जाता है

नगर प्रासाद तो जुआरियों के चले जाने के बाद
जुआ घरों से हो गए हैं उदास
सरवर तल शीशे में परिणत हो गए

हालाँकि पुनः कई हज़ार साल बाद
तेरे पास आया हूँ हे महाकारुणिक
तेरे शरण में अपने को विलीन करने नहीं
बल्कि अपने में शामिल कर तुम्हें ले जाने
और एक-एक कर यह सब दिखाने।

## पुस्तकालय

मेरे पुस्तकालय के बगल में
एक यातनागृह है

जिसमें रहते हैं हमारे पुरखे
ज़ंजीरों से बँधे।

मेरे पढ़ते वक़्त आ जाते हैं वे
कोई कहता है—देखो! हमारी पीठ पर ये कोड़े की छाप
    देखो हमारी जीभ में छड़ गड़े हुए हैं
    देखो यह ख़ून का काला धब्बा
इसमें और समय-बोध में क्या कोई फ़र्क़ कर सकते हो

मैं इनसे बचना चाहता हूँ
और उठा लेता हूँ उत्तर औपनिवेशिकता पर एक किताब
तो उनमें से एक चीखता है ज़ोर से—
देखो! अंग्रेज़ों की बग्घियाँ खींचते-खींचते
मेरे कन्धे छिले हुए हैं।

कोई दिखाता है अपनी उँगलियाँ
जो फटी हुई हैं मेमों की बूट पालिश करते
कोई आता है और छीनकर रख देता है मेरी किताब
और कहता है—देखो, मेरे होंठ
जो आज भी सिले हुए हैं

कोई गर्म छड़ों से दागी हुई अपनी पीठ दिखाता है
कोई आकर कहता है—

क्या बैठ गए हो किताबों के साथ लाट बनकर
चलो! अपने पुरखों के पाँवों में नाल ठुकी देखो

कोई लाकर रख देता है मेरा अतीत
पूरी तरह रौंदा हुआ

कोई दिखाता है उस वक़्त ठोंकी गई गर्म छड़ों का प्रसार
मेरे भविष्य में होता हुआ
मैं सोचता हूँ—चलो! इनसे बचकर किसी
कविता संकलन में अपनी मुक्ति खोजूँ
और मैं निकाल लेता हूँ सेल्फ़ से कविता की एक किताब
पर मैं कैसे पढ़ूँ किताब?
मेरे ठीक बगल में रहता है मेरा इतिहास।

## सारंगी की संस्कृति

मोरंग देश से
साल वृक्ष का तना काट कर
बनाई गई है यह सारंगी
इससे कोई आवाज़ निकले
इसके लिए कइयों ने अपनी जान
 न्योछावर की है

एक आदिवासी, कई हिरणियाँ, पहले-पहल राजदरबार में जानेवाले
 कई कलाकार
 संथाल परगना के जंगलों में
 अपने को गला कर
 असंख्य हाथों ने
 निकाले हैं इसके तार
इसमें जोगियों, फ़क़ीरों, कलन्दरों के अरमान भरे हैं
इसे इतना ज़ोर से मत कसो

जितना चाहते हो उतनी ही निकले आवाज़
इसके लिए इससे ऐसी छेड़-छाड़ मत करो

मन, हवा, अँगुलियों को करने दो अपना काम
कुछ खुली सम्भावना सारंगी के लिए भी रहने दो

कभी-कभार सारंगी से अगर निकल आएँ
    अनजाने सुर
तो बुल्लेशाह, एकनाथ और बावरी मीरा को
    याद कर

इसे माफ़ कर दो
और एक बात का ख़ास रखना ध्यान
कि इसे कोई गुणी ही बजाए
मात्र शक्तिशाली होने के कारण
कोई इस पर अधिकार न पा जाए।

## विश्वकर्मा पूजा पर

वे सब लोहार थे,
    विश्वकर्मा के दरबार के
वे लोहे का असली गुण जानते थे
    जानते थे उसकी सच्ची गन्ध
उन्होंने ही सबसे पहले पर्वत शृंखलाओं से लोहा खोजा था

वे दुखी थे
लोहे के लिए दुखी थे

लोहा, जिसकी स्तुति में रचे गए हैं कई श्लोक
उसी से सुदर्शन चक्र बना था, जिससे मारा गया था
विन्ध्य पर्वत में सुदाम
सुना है कि सुदाम सम्पूर्ण आर्यावर्त में
लोहे का सबसे अच्छा कारीगर था
और यह हत्या पूरी सभ्यता में लोहे से की गई
पहली हत्या थी
इसी से मारा गया था उसका लोहासुर
और यह लोहे से की गई दूसरी हत्या थी
तीसरी बार तो इससे मारे गए थे अनेक
इसी से बधिकों ने खूबसूरत चिड़ियों और
हुलसती हिरणियों को मारा था
इसी से वह तलवार बनी थी, जिससे शम्बूक का सर कटा था
इसी से बना था वो ख़ंजर जिसे अमीना बी की कोख में उतार दिया गया था

इसी से बन्दूक की नली बनी थी,
जिससे भोजपुर में मारे गए थे नगीनाराम
और सत्तर के दशक में पूरी गंगा घाटी में हुए नरसंहारों में
यह महत्त्वपूर्ण हथियार साबित हुआ था
जिसने यहाँ के जीवन में किया था महत्त्वपूर्ण परिवर्तन
और आततायियों का राज कायम किया था
इसी से बनी थी सरकार
इसी से चली थी सरकार
वे दुखी थे, लोहे के लिए दुखी थे
उन्हें दुख था कि
सृष्टि के आरम्भ से ही
लोहा लोहारों के हाथों से छीन लिया गया था
और हत्यारों के हाथों में दे दिया गया था।

## सोचते हुए

चिड़िया और हिरणी के बारे में सोचना
अन्तत: शिकारी के बारे में सोचना है
इसलिए उनके बारे में प्रचलित हरेक वृत्तान्त को
मैं शिकारियों के सन्दर्भ में देखता हूँ
और पेड़, पहाड़, जंगल, उनसे जब भी, जहाँ भी
होती है मुलाक़ात,
अपने बारे में प्रचलित हर वृत्तान्त पर
उन्हें शंका करने के लिए कहता हूँ
और हिरणी के बारे में तो जब भी सोचता हूँ तो लगता है,
जब तक नहीं होंगे हिरणों के अपने इतिहासकार
तब तक शिकारी के गौरवान्वित होते
रहने की पूरी सम्भावना है,
और चिड़ियों को व्याध के जाल से
बचाने के लिए बहुत ज़रूरी है कि
चिड़ियों के अपने दार्शनिक हों।

## संग्रहालय

शम्बूक को हतने वाली तलवार,
        एकलव्य का अँगूठा,
क्रौंच वध के तीर, इन्द्र द्वारा अहिल्या के
        शीलहरण के दस्तावेज
सब सजाकर रखे हैं दर्शक दीर्घा में
दीवाल के उस ओर क्रम से रखे हैं

इन्द्र का दर्प, वृत्रासुर की अस्थियाँ
और पुरुवा का कथानक
यहाँ हते हुए, हारे हुए, मारे हुए विचारों के
अनेक मॉडल रखे हैं
यहाँ की आर्ट गैलरी में शीशे के शोकेस में
रखे हैं भर्तृहरि के सारंगी के गीत
तोड़-तोड़कर जलाए हुए
उसके ठीक नीचे एक पट्टिका लगी है—
इस सनातन समय में समर्पण ही है एकमात्र उपाय
प्रतिरोध के लिए कोई जगह नहीं।

## शुक्रतारा

एक सुबह मैं सोच रहा था
उस शुक्रतारा के बारे में
जो इतने आक्रामक और रक्तिम सूर्य के उदय के बाद भी
बच गया है आसमान में साबुत

इससे साफ़ ज़ाहिर होता है कि सूर्य की आसमान पर विजय
इतनी आसान नहीं रही होगी
विश्वास न हो तो प्रमाण के लिए देखा जा सकता है
रक्त से भींजा आकाश-पथ

यह शुक्रतारा तारा से अधिक प्रतीक है मेरे लिए
सूर्य के ख़िलाफ़ तारों के रातभर चले संघर्ष का
जिसमें कई शहीद हुए, कई हलाक, कई झेल रहे हैं निष्कासन

कई उत्प्रवास!

यह एक ऐसे इतिहास का प्रवेश द्वार है
जिसे ठीक से कहने वाले का आना है
बाकी
वह आकाश के सीमान्त पर एक पराजित क़ौम के
अपराजेय गर्व की तरह उगा है

एक उदाहरण की तरह, एक बिम्ब की तरह
सूर्य की समरनीति की एक भूल की तरह

भूखे भेड़िये की तरह झपटती
सूर्य की सेना की ग़लती की तरह

उनके ख़बरिये, निशानची, सेनापति और वित्तपोषकों के
चक्रव्यूह से बचकर

वह एक ऐसी कथा के सहनायक की तरह आया है आज सुबह
जिसके नायकों की कथा का कहा जाना शेष है अभी
उन पर नाटक लिखे जाने हैं
उन पर कई वृत्तचित्र बनने हैं अभी
उनकी दंत-कथाओं को अभी प्रचलित होना है

अपने सम्पूर्ण लाव-लश्कर के साथ सूर्य के आकाश पर
क़ाबिज़ हो जाने के बाद भी
वह नहीं है आतंकित, केहर के लाल, काल-कराल जैसे फहराते
रक्तिम अयालों वाले आदित्य के तेज से

उसके चेहरे पर पराजय का कोई बोध भी नहीं
वह सोचते हुए पूरब की तरफ़ देखता है
मानो अपने को कर रहा हो तैयार
किसी नई गुहार के लिए
पूर्वज मरने पर तारे हो जाते हैं
पता नहीं किसका कौन पूर्वज उगा है शुक्रतारा के रूप में

विजेता के सारे आतंक आतंकित हैं उसके होने से
विजेता का तेज लजाया है

आकाश पर उगा है यह उग्रतारा
मैं रोज़ सुबह अपने मन में
इसके उगने का इन्तज़ार करता हूँ।

## अपेक्षाएँ

कई अपेक्षाएँ थीं और कई बातें होनी थीं
एक रात के गर्भ में सुबह को होना था
एक औरत के पेट से दुनिया बदलने का भविष्य लिए
एक बालक को जन्म लेना था
एक चिड़िया में जगनी थी, बड़ी उड़ान की महत्त्वाकांक्षाएँ

एक पत्थर में न झुकनेवाले प्रतिरोध को और बलवती होना था
नदी के पानी को कुछ और ज़िद्दी होना था
खेतों में पकते अनाज को समाज के सबसे अन्तिम आदमी तक
पहुँचने का सपना देखना था

पर कुछ भी नहीं हुआ
रात के गर्भ में सुबह के होने का भ्रम हुआ
औरत के पेट से वैसा बालक पैदा न हुआ
न जन्मी चिड़िया के भीतर वैसी महत्त्वाकांक्षाएँ

न पत्थर में उस कोटि का प्रतिरोध पनप सका
नदी के पानी में ज़िद्द तो कहीं दिखी ही नहीं

खेत में पकते अनाजों का
बीच में ही टूट गया सपना
अब क्या रह गया अपना।

## सपनों के बारे में

सप्नों के टूटने का दुख किसे नहीं होता
गौरैया के जब सपने टूटे थे तो
वह कई दिनों नहीं आई थी छत पर
एक चींटी का हाथी के सूँड़ में घुसने का सपना
जब किन्हीं कारणों से नहीं हो पाया था पूरा
तो वह कई दिनों तक
चींटियों के हार में नहीं दिखी थी

पिछले इतिहास में कालू कलवार ने अपने
सपनों के लिए
ग़ज़ब ऊधम मचाया था
और सोहागिन भंगिन को क्या भूल गए आप

जिसने अपने सपनों के लिए
राजा प्रसेनजित पर
मैला ढोनेवाला ओड़िया फेंक मारा था
और एकलव्य ने अपने सपनों के लिए ही तो अपने
अँगूठे कटवाए थे
यहाँ टूटे हैं सबके सपने
पर किसी के चेहरे पर कोई भाव तक नहीं है

आलोचक, लेखक, कवि, कलाकार
और चिकित्सक

जैसे सबने मान लिया हो कि
दुनिया के चलने की गति को
बदला नहीं जा सकता

समय के बहाव के ख़िलाफ़ चलना
हमारे वश में नहीं
भले ही वह
दोज़ख़ के बीच में हमें ले जाकर खड़ा करता हो

भोग, रोग, लिप्सा, पिपासा ने जैसे
कोढ़ की तरह ग्रस लिया हो हमारे वजूद को
कि इतने दिनों इतनी तरह से प्यार किए गए
अपने सपनों के विरुद्ध जाने में हमें तनिक भी
नहीं होती है कठिनाई
मन रुँधता नहीं
ज़बान हकलाती नहीं
देह थरथराती नहीं

स्वर्ग की बात करते-करते
एक भयानक रौरव को गौरवान्वित करने में

कभी जल की मछलियाँ भी चढ़ जाती थीं
पहाड़ पर
कभी तीन बुड्ढे मिलकर अपनी कोहनी से
पहाड़ ठेल देते थे,
जंगल से उठनेवाली झंझा के ख़िलाफ़ आज भी
बहुत बार उड़ना चाहती है
छोटी बिढ़नी

और हम हैं कि चले जा रहे हैं
एक महान-से दिखनेवाले नरक में
सारी नैतिकताएँ, सारी प्रतिज्ञाएँ
और पागल बना देनेवाली सारी प्रेरणाएँ छोड़
और इन्हें छोड़ने का तनिक दुख भी नहीं है

## समर्पण

मैं जानता हूँ कि कलापक्ष पर बात करना परम धर्म है साहित्य का
पर मैं भूख के कलापक्ष से अभिभूत होने से बचते हुए
उसके राजनीति-पक्ष पर बातें करना चाहता हूँ

इस क्रम में सर्वप्रथम मैं अपने आख्यान में
उस सुग्गे को शामिल करना चाहता हूँ
जिसने सख़्त पहरे के बावजूद जुठा दिए थे

## पेड़ पर लटके पके अनार

अपने आख्यान के केन्द्र में उस चींटी को रखना चाहता हूँ
जिसने एक दिन पर्व, त्योहार, पाक-साफ़ का नहीं किया था ख़याल
और गृहस्थिन की आँखों के सामने
अपने टूँड़ पर
गेहूँ का ढोंका उठा ले गई थी,

इस आख्यान के केन्द्र के बिलकुल पास
मैं उस श्याम रंग चूहे को रखना चाहता हूँ
जो अपने छोटे-छोटे दाँतों से काट देता है काठगोदाम

मैं चाहता हूँ इस आख्यान में
कि तिर्यक रेखाओं पर वे गिलहरियाँ हों
जो कई बार सोये शेर की माँद से उठा लाती हैं उसका खाना

लेकिन अपने आख्यान का अर्द्ध भाग
उस आदमी को समर्पित करना चाहता हूँ
जिसने रचे हैं भूख के ख़िलाफ़
महान सिद्धान्त
स्मारक, स्मृति-पत्र, शहीद दिवस के रिवाज से भिन्न
यह पूरा आख्यान मैं उन लोगों को
समर्पित करना चाहता हूँ
जो इस सिद्धान्त पर चले हैं
और भूख के ख़िलाफ़ लड़ते हुए मरे हैं।

# समुद्र गाथा

यह कविता समर्पित है उस कवि को
जो वर्षों पहले किसी चन्द्रग्रहण के दिन
समुद्र के सौन्दर्य पर मूर्च्छित हो
उसके नीले जल में कूदकर मर गया था
एलेप्पी हो या मामल्लपुरम्
कहीं न कहीं निशान के रूप में आज भी
ज़रूर होगा उसका स्मारक

स्मारक हो या न हो क्या फ़र्क़ पड़ता है
चिंगलपेट के मछुआरों की बस्ती के बाहर
गोल में बैठी युवतियाँ ज़रूर गाती होंगी उसका लोकगीत

मैं उसी की वंश परम्परा का एक कवि
इलाहाबाद से चलकर आया समुद्र से मिलने
मैं प्रतीक्षा में खड़ा रहा कई दिनों तक
कि समुद्र की तरफ़ से नहीं आई,
कोई पुकार,
कोई हाँक, डाँक, कुछ भी नहीं,
मेरा समुद्र से सीधा नहीं बन पाया कोई नाता
जैसा उस कवि का बन गया था

मैं तो नारियल के पेड़ों से पूछकर, मछुआरों के जालों
से होते हुए, शंख और सीपियों के बहाने
लहरों के माध्यम से सन्देश भेजते
समुद्र से संवाद की उम्मीद रखता था

मैं राम नहीं अयोध्या का कि करूँ धनुषटंकार
और समुद्र को बोलने के लिए बाध्य कर दूँ
मैं तो जनतांत्रिक समय में जी रहा एक संवादी नागरिक हूँ
जो समुद्र से बातचीत होने की आशा में खड़ा है
समुद्र मुझे देखता है और उपेक्षा से फेर लेता है आँखें

यह रात का वक़्त है
धीरे-धीरे आकाश पर चढ़ता जाता है चाँद
ठनकती ग़रीबी को नज़रअन्दाज़ कर
मछुआरिनों का गला फूटता है
हे योद्धा! हे वीर! हे मेरे समुद्र नायक

एक रात बीती दूसरी रात बीती
देखते उसके जल को
कि तीसरी रात!
समुद्र ने धीरे से फ़रमाया
तीसरी रात,
नाभि प्रदेश से आए हो, पृथ्वी के केन्द्र से
क्या पड़ गई ज़रूरत मुझसे बात करने की
मैं तो खड़ा हूँ मेरे भूगोल के बिलकुल सीमान्त पर
पर्यटक आँखों को छोड़ तेरे लिए मेरी क्या बिसात
न तुम मुझे करते हो याद, न तेरे वेद
चिट्ठियाँ, लैंडफ़ोन, मोबाइल, ईमेल

मैं तो तेरी चिन्ताओं में शामिल ही नहीं हूँ
मेरे वृत्तान्त के केन्द्र में तो बैठी हैं गेंडुर मार
गंगा, यमुना और नर्मदा

तेरे वृत्तान्तों के मैं हाशिए पर भी नहीं हूँ

तेरे मंगल गानों में मेरा सन्दर्भ कहीं आता नहीं
पर्व, त्योहारों में तेरे घर में मेरे लिए
कोई अंश भी काढ़ा जाता नहीं

न मुझमें नहाकर कोई होता है पवित्र
न मेरे किनारे कोई कुम्भ लगा करता है
बोलो, तेरे ब्रह्मा कुम्भ कलश ले यहाँ क्यों आए नहीं
कहा था मेरी दादी ने कि मेरी वंश परम्परा के
1014वें पुरखे ने भोजपत्र
पर कहीं लिखकर रखा था कि
तुम्हारे ब्रह्मा हमारे ही गर्भ से लेकर भागे थे अमृतकलश
पर मैं कैसे कहूँ प्रमाण से
मैं खोजता रहा हूँ न जाने कब से वह अभिलेख
पर वह मिलता ही नहीं
या तो कोई चुरा ले गया, या हर ले गया कोई उसका अर्थ
समुद्र की बातें सुन मैं निरुत्तर
बिलकुल निरुत्तर
शब्द, वाक्य, स्मृतियाँ, पुराण,
कोई भी नहीं दे रहा था साथ
वैदिक, पौराणिक सब बैठे थे चुपचाप
न्याय, वैशेषिक के तर्क भी काम नहीं आ रहे थे
मैं चुपचाप रहा था निहार
समुद्र का रूप

खड़-खड़ करतीं हड्डियाँ
घर्षण करते चाम

मुझे तो उस वक़्त समुद्र महाकवि तिरुवल्लुवर की जुड़ी हुई
फैली हुई दो हथेलियों की तरह लग रहा था

जो मानो अपने जनगण के लिए
अपनी कविता में माँग रहा हो
अन्न, मछली और मांस

आपको पता है—परशुराम के फरसे से आदिकाल में कभी
आहत हुआ था समुद्र
और आज भी उसके उस आहत भाग से रक्त गिरता है

मैंने ध्यान नहीं दिया
पर न जाने कब उसके रक्त की कुछ बूँदें
समुद्री हवाओं के साथ उड़कर आ पड़ीं मेरे कपड़े पर
पूरी यात्रा उसे झाड़ने-पोंछने में बीत गई
मैंने एक रात सपने में नेहरू जी से पूछा
लन्दन में कहाँ से धुलाते थे आप कपड़ा
अगर आप सपने में ही सिफ़ारिश कर दें और
भारत सरकार प्रायोजित कर दे तो
मेरे कपड़े पर पड़ा यह रक्त जल्दी से धुल जाएगा

मैंने खुद धोया कई बार
मैंने कई बार पुरखे कवियों से मदद माँगी
उनके पास भी नहीं था कोई उपाय
धोबी, रंगरेज सब असहाय थे इस मामले में
नेहरू जी बोले नहीं कुछ, बस रहे चुपचाप मुस्काते

स्वामी अरविन्द आए, आकर समुद्र की शान्ति में ऐसा खोए

कि उसके हाहाकार का वो कर न पाए ठीक से पाठ

शंकराचार्य सारे कर्मकांडों की नसेनी लेकर भी भारत के
केन्द्रीय सांस्कृतिक इतिहास में उसे जगह नहीं दिला पाए
अतः समुद्र है हाहाकार, समुद्र में हाहाकार
अगर उसे है ढूँढ़ना तो
नारी देहों, शराब की बोतलों
और रिसॉर्ट्स से अलग
उसके हाहाकार में ढूँढ़ो।

## सुभाषनगर

शहर इलाहाबाद में है एक नगर सुभाषनगर
रईसों की बस्ती और नगर कोतवाल की कोठी के ठीक बीचोबीच
कहते हैं यह बस्ती
इस शहर को बनानेवालों की बस्ती है
राय साहब टंडन जी की हवेली
इस शहर की शान है
जो इसी बस्ती के सूदन के बाबा ने बनाई थी
सूदन स्वयं था गणनायक, सिविल लाइन में बनने
वाले सबसे सुन्दर एवं महँगे मॉल का
कहते हैं कि सूदन के बाबा इतने अच्छे राजमिस्त्री थे
जिन्हें बुलाने अंग्रेज़ भी चलकर उनकी
झोंपड़ी तक आते थे

सुभाषनगर मुहल्ला है ऐसे लोगों का

जिन्होंने बनाई हैं वे सड़कें
जिन पर वे निश्चिन्त हो चल नहीं सकते

इन्होंने जो पार्क बनाए हैं उस पार्क में वे फ़ुरसत
के क्षण बिता नहीं सकते

जो भवन, जो अपार्टमेंट्स वे बनाते हैं
उसमें नहीं होती उनके लिए कहीं इंच भर की जगह

किन्तु ठीक से जान ले नागरिक समाज
अगर शहर है तो उन्हें नहीं किया जा सकता कभी शहर बदर

ज्यों-ज्यों बनेंगी पॉश कालोनियाँ
उनके बीच के कूड़ा फेंके जानेवाली जगह पर
वे महफ़ूज़ हो बना लेंगे अपनी बस्तियाँ
जहाँ से कोई तोप, कोई पुलिस उन्हें हटा नहीं सकती
नगर निगम उनके रहने के अधिकार को
अवैध मानकर भी अवैध ठहरा नहीं सकती

जैसे-जैसे बढ़ेगा शहर
वैसे-वैसे बढ़ेंगे सुभाषनगर
वे शहर की अभिजात्यता के ख़िलाफ़
उसकी ज़रूरत बन बढ़ेंगे
वे रहेंगे इस शहर के नागरिक समाज के
भीतर अपराधबोध बनकर
वे भारतीय आज़ादी की साठ साल की आलोचना बन बढ़ेंगे
वे उभरेंगे शालीन चेहरों की शालीनता के ख़िलाफ़ उस पर गुम्मड़ बनकर
लोकतंत्र के चेहरे पर दाग बनकर रहेंगे

वे रहेंगे शहर के इतिहास में इतिहास के ख़िलाफ़
वे शहर के भूगोल का प्रतिरोध बनकर रहेंगे

रहेगा सूदन तो रहेंगे सूदन के बाबा भी
वे सब शहर की बनी बनाई परिभाषा को
तोड़ते हुए रहेंगे।

## मछली

दुख हुआ जानकर कि
सूख गया मानिकपुर का तालाब
मानिकपुर के तालाब में एक मछली रहती थी नीली
जिससे मेरी ख़ूब दोस्ती थी
उसका क्या हुआ
कुछ का कहना है कि
जब धूप में सूख कर उड़ रहा था तालाब का पानी
तब वह भी सूखती, पटपटाती, भुनती हुई
हवा में उड़ी थी
जब वह उड़ी थी हवा में तड़पती, ऐंठती, छटपटाती
तो वह कहीं न कहीं तो गई ही होगी
हम तो चले जाते हैं भाग कर
गाजियाबाद, नोएडा, नासिक, सूरीनाम
वह कहाँ गई लोगो, वह कहाँ गई,
वह भाप बन गई या गिरी जल कर
फिर से किसी तालाब में
कि उसे किसी धन्ना सेठ ने पानी के लिए

तरसा कर अपने तालाब में पोस लिया
कि वह गिरी जाकर राष्ट्र की प्रथम महिला
के श्रृंगारदान में

कि वह गिरी किसी तस्कर के वृहद प्लान में
जिसने कि क़ब्ज़ा कर ली उसकी देह
बेच दिया उसके प्राण को
यह भी हो सकता है कि वह जाकर गिर गई हो
किसी हत्यारे की गहरी नींद के सिरहाने
एक लड़का जो प्राय: उस तालाब के किनारे
घूमता रहता था
कहा—नहीं! नहीं!
वह जा गिरी थी एक मछुआरे की हथेली पर
जिसने उसे एक लड़की में तब्दील कर दिया
जो आज भी रहती है
प्राणपुर गाँव में
अपने मछुआरे के लिए
किसी और तालाब की
रोहू रीन्हती हुई
उसमें डालने के लिए सरसों का मसाला
पीसती हुई।

## सौदागर का मानर

विज्ञापनों से निकल एक शेर
मेरे चाँद को ले बाज़ार की ओर जा रहा है

सफ़ेद कपड़ों में संसद से निकलता हमारा गृह मंत्री,
बड़े विदेशी व्यापारी के संग यह देख
ताली बजा रहा है

मन मेरा हो रहा है अंग्रेज़
तन मेरा हो रहा अंग्रेज़
जेट लेट की किताब में एक फोटो में छपी
हिरण जिन्हें अपने हिरण होने के अर्थ में थोड़ी तब्दीली
करते हुए
शेर को रोकना चाहिए था, लामबन्द हो उसे घेर लेना चाहिए था
वे खजुराहो में पत्थर चाट रही हैं
हिरणो अरज करूँ मैं तोसे
अपने चाँद को बचा लो
चाँद के अर्थ को बचा लो अर्थात, कवि को बचा लो
एक कवि को बचा लो अर्थात
रेत, पानी और बाजरे के खेत के लिए
अपनी लड़ाई को बचा लो
अपनी लड़ाई को बचा लो हिरणो

अर्थात अपने को बचा लो
अपने को बचा लो
अर्थात अपनी आत्मा को बचा लो
तेरी आत्मा की नीलामी की मुनादी हो रही है हिरणी
देख उधर हिंस्र सौदागर
बजा रहा है धीरे-धीरे मानर।

## सब चुप थे

मेरे कुरते में जेब तो थी
पर जेब के पास पैसा नहीं था
तनख़्वाह मिलने तक के लिए पड़ोसी से
माँग लिये पैसे उधार

ट्रेनें तो कई थीं पर ट्रेनों के पास मेरे जैसों के लिए
टिकट नहीं था,
कुछ जुगत किया, कुछ जुगाड़
सौ रुपया ज़्यादा दे किसी तरह टिकट बनवा लिया
निकल पड़ा भुवनेश्वर श्री राधा को खोजने।

उतरा स्टेशन पर और खोजने लगा घूम-घूम कर
सकल भुवनेश्वर में,
भुवनेश्वर जैसे पूरी पृथ्वी
भुवनेश्वर मानो पूरी सृष्टि

कहाँ मिलेगी श्री राधा?
पता जो रमाकान्त बाबू ने अपने काव्य में दिया था—
'श्यामा श्याम कृपालु भवन
न्यायनगर चन्द्रशेखरपुर भुवनेश्वर'
वहाँ से कई बार चार-छह महीने बाद तक भी
लौट आए थे मेरे लिखे कई-कई पोस्टकार्ड
शायद वहाँ उन्हें रिसीव करने वाला ही नहीं था।
फिर भी मन नहीं माना
सोचा, चलो एक बार कोशिश करते हैं
खोजते-खोजते उस पते पर पहुँचा

तो पता चला अभी-अभी श्री राधा
घने कुहरे में प्रेमगीत लिखने अपने प्रेमी संग
मोटरसाइकिल पर बैठ कहीं निकल गई है
पेड़ों पर गेरू से लिखे तो हैं उसके नाम
पर वह कहीं नहीं है

पिंजड़े होते हैं, पिंजड़े में सुग्गे होते हैं
पर यहाँ अजब अचरज है लोगो
यहाँ एक हरा सुग्गा अँगोछा और बंडी पहने
एक आदमी के कन्धे पर बैठ चुग-चुग कर चना खा रहा है
मैंने सोचा, चलो—इसी आदमी से पूछें
शायद यह श्री राधा का सही ठौर बता दे।

बता दे कि किस पहाड़ की किस चोटी पर या किस जंगल के
किस बरगद के नीचे, उड़कर अपने प्रेमी संग
बैठी श्री राधा कृपालु महाराज के चंगुल से
और रमाकान्त बाबू की पंक्तियों से आज़ाद हो
इस वक़्त चैन की साँस ले रही है

अब मुझे समझ आया कुछ-कुछ यह राज़ कि
रमाकान्त बाबू द्वारा दिए पते पर
वह मेरी चिट्ठी क्यों रिसीव नहीं कर रही थी
हो सकता है वह अपना ऐसा पता न चाहती हो
या हो सकता है वह न चाहती हो अपना कोई भी
निश्चित पता, हो सकता है वह अपने लिए
एक अनन्त आकाश चाहती हो।

वह शायद इससे भी नाराज़ हो कि

मैं उसे ढूँढ़ने भुवनेश्वर ही क्यों आया
कन्धे पर सुग्गा बैठाए उस आदमी ने
एक लम्बी साँस भरते हुए कहा
नहीं! बात यह नहीं है!
न जाने किस बवंडर संग उड़कर आई थी

उस रात कन्धमाल में एक भयानक आग
उसी में जल कर मर गई श्री राधा!

मैं हताश हो गया, मेरी आँखों में आ गए आँसू
यह कैसे हो सकता है!
वह कैसे मर सकती है, मेरा जीवन
सकारथ किए बिना
अगर मैं हुसैन होता
तो माधुरी नहीं,
तो ऐश्वर्या
ऐश्वर्या नहीं तो दीपिका,
मन को मना लेता
पर मैं ठहरा ठेठ किसान की औलाद
जिसे चाहा उस पर ही जीवन गँवा देने वाला
मैंने पेड़ों से पूछा, सड़क पर गिर रहे पत्तों से पूछा
साँझ में बह रही झुर-झुर हवा से पूछा
पूछा आकाश में उग रहे पूर्णिमा के चाँद से!
सब चुप! कोई कुछ बोल ही नहीं रहा था
घने कोहरे में सड़क किनारे बने झोंपड़े में
अर्द्धवृत्त बनाए तीन बच्चे
बार-बार बुझ जाते पत्तों से
आग जलाकर तापने की कोशिश में लगे थे

एक के हाथ में था खाली पेप्सी का डिब्बा
एक के हाथ में किसी के द्वारा फेंका गया
कैडबरी का रैपर था
एक कुहरे में ढूँढ़ रहा था कुछ
मैंने उनसे पूछा, बच्चो! कहीं देखा है
तुमने श्री राधा को?
एक बच्चा जो शून्य में कुछ खोज रहा था
बोल उठा श्री राधा को बेच दिया!
मैं अवाक्!
पूछा मैंने—किसने?
राजा कहो या कह लो सरकार
फिर तीनों ज़ोर-जोर से चिल्लाने लगे—
'राजा का हाँथी धँस गया
राजा हमारा फँस गया'

श्री राधा को बेच दिया, ऐसा मानने को मेरा
मन कभी भी हो नहीं रहा था तैयार
मैंने जाँचने के लिए पूछा, किसको बेचा
अब यह तो हम नहीं बता सकते
किसी पत्रकार या किसी अख़बार से पूछो
अख़बार ने कहा—विक्रम बेताल से पूछो
विक्रम बेताल ने कहा
अपने यहाँ के अशोक सम्राट से पूछो
अशोक ने कहा समुद्र से पूछो

समुद्र अगर न बोले
तो सूख गई नदियों की धार से पूछो
मैंने सम्राट अशोक से थोड़ी और की

चिरौरी तो
उसने कहा ठहरो! अभी भगवान बुद्ध से
मोबाइल पर पूछ कर बताता हूँ।
बुद्ध ने कहा—हे श्रमण! मुझसे क्या
लॉर्ड ओबामा की रखैल से पूछो
उस तक न पहुँच पाओ तो
एम.एन.सी. के किसी पी.आर.ओ. से
थोड़ा कोशिश करो पाने का राज़
कुछ तो अशोक सिंहल जी को भी पता होगा
अगर पहुँच सको तो चाकू, त्रिशूल
लिये जंगल में घूमते गोंडा से यहाँ आए दारासिंह से पूछो,
उसे भी होगा कुछ-कुछ भान!

मैं बहुत चक्कर में पड़ा
बहुत परेशान

जब हर तरफ़ से हार गया तो सीकली के
पेड़ के नीचे खड़ा हो फूट-फूट कर
रो पड़ा।

एक आई.टी. कम्पनी की कार पर जा रही
लड़की, मुझे रोते देख
हल्के से मुस्काई, खिड़की से आ रही हवा में अपने लम्बे
बाल हल्के से लहराई
और हवा-सी तेज़ गति से
मेरे सामने से गुजर गई।

## मुस्कान

मुस्कराहटों के अनेक प्रकार होते हैं
रानी की मुस्कान और फूलकुमारी की मुस्कान की
हो चुकी हैं अनेक चर्चाएँ
मेरे घर के ठीक बगल की पासी बस्ती की सलोनी औरत की
उस मुस्कान को भी महत्त्व मिलना चाहिए
जो ठर्रा पीकर ख़ूब हँस लेने के बाद
नशे के उतार के निर्मल क्षणों में पड़ोसन से अपने
प्रेम की बात करते उसके होंठों पर आई थी
मैं नकारता हूँ मुस्कानों के बने-बनाए इतिहासों को एक सिरे से नकारता हूँ
मोनालिसा की मुस्कान मुझे कभी अच्छी नहीं लगी
हालाँकि कला समीक्षकों ने इस पर बार-बार कसीदे पढ़े हैं
अकेले में आई हल्की चन्द्ररेखा-सी मुस्कान पर
कालिदास लिख सकते हैं कविताएँ
निर्वात में निरपेक्ष मुस्कान की, हमारे स्वामी जी
तारीफ़ कर सकते हैं
और लुईस चौदहवें की पत्नी की मुस्कान पर अख़बारों में
कॉलम लिख सकता है सत्य का ज्ञाता कवि
हिटलर की प्रेमिका की मुस्कान को सबसे सुन्दर मैं बता नहीं सकता
मैं क्या करूँ
मैं चाहता हूँ कि कैसे उलट दूँ मुस्कानों के इस
दमनकारी इतिहास को
और पसन्दों की बहस को ऐसा उलथा कर दूँ
कि सलोनी पासिन की मुस्कान उसके शीर्ष पर आ जाए।

## शहादत

कोई कहता है यहाँ पानी था
कोई कहता है आग
कोई कहे यहाँ सोना था
कोई कहे नमक की खान
यह अजब विवाद का विषय था ज्ञानियों के बीच
कोई कहे यहाँ नील का हौदा था
कोई कहता है यहाँ से रंगा बनकर गया था रंगून
कोई कहता है मध्यकाल में यह एक सूफ़ी का स्थान था
किसी के अनुसार यहाँ लगती थी राजा की कचहरी
कोई सिद्ध करने पर तुला था कि यहीं पर लीली घोड़ी उड़ान मारती थी
लेकिन जानने वाले जानते हैं
कि सन सत्तावन में यहीं मरे थे
शहीद घिर्रई चमार
जो चमार थे, इसलिए कोई उन्हें शहीद नहीं कहता।

## दलित बस्ती में रग्घू मेहतर

जैसे हवा चलती है हारी हुई
जैसे तेज़ धूप में पानी सूखता है
जैसे झूलता है डालों में
बौराया आम
जैसे गगन पथ पर उदास तारा चलता है
वैसे ही गांधी की किताब लेकर
वह घूम रहा था

गली-गली

ज़्यादा पैसा लेकर भी
कोई उसे किराए का मकान देने को तैयार
नहीं था
हालाँकि छतों पर लगे झंडों पर फहरा रहे थे
महात्मा फुले के सन्देश
शाहू जी के कैलेंडर दीवारों पर टँगे थे
आँगन में बैठे गणेश जी व्यंग्य से
मुस्कुरा रहे थे धीरे-धीरे
भगवान बुद्ध शायद कहीं चतुर्मास पर गए थे।

## तँतवा रे

खट खट धा
खट खट धा
खट खट धा
अस्थि पंजर मांस-मज्जा
आपस में टकरा

ताँत बुन
ताँत से ज़्यादा बात बुन
सोना-चाँदी महल अटारी
सब हो जाएँगे ख़ाक
अग्निगर्भ में दीप्त रह जाएगी बस बात
बात के साथ जुड़ी आवाज़

तँतवा रे बुन ऐसी बात
जो चीर-फाड़ दे भयावनी
अमा निशा-सी रात
शक्ति के शोर में दब गई हैं सारी आवाज़ें
मदान्ध ताक़त के शास्त्रीय संगीत के बीच
कोई कारगर हाहाकार बुन
बुन सार्थक चीत्कार
आलोचना करते-करते
गर जड़ हो जाए तेरी बुद्धि
तो पत्थरों में जो कर दे पैदा जान
वो चीख-पुकार बुन
तुम्हें पता है मेरे तँतवा
एक छोटी-सी बात अगर
सही वक़्त पर और सही तरह से
निकल जाए
तो दुनिया की बड़ी से बड़ी बदल सकती है सत्ता
समझो, समझो मेरे तँतवा एक सीधी बात
कि ताँत से ज़्यादा है एक बात की ताक़त।

## हो सकती हैं

सम्मान की तो होती हैं कविताएँ
क्या अपमान की भी कविताएँ हो सकती हैं
हो सकती हैं तो कैसी हो सकती हैं
उस दिन मैं सोच रहा था
अपने आपसे अपमानित होने के बाद

मैं अपने अपमान की कविताएँ लिखना चाहता था
छोटे-छोटे अपमान की
किसी के जूते कुचल देते हैं मेरे पाँव
किसी की भंगिमाएँ मेरा मज़ाक़ उड़ाती हैं
कई बार भाषा उपेक्षा और घृणा की मिश्रित थूक बन
किसी के मुखारविन्द से निकल
मेरे चेहरे पर पड़ती है बार-बार
संहिताएँ, नियम, विधि-विधान
मुझे अपमानित करने की अनन्त शक्ति से ओत-प्रोत होते हैं
आधिपत्यवादी बौद्धिकता और शक्ति के विचारों में शामिल रहता है
मेरा अपमान
किसी के घोड़े मेरे सपने कुचलते जाते हैं
उनकी दुनाली ऐसा जुलुम करती है कि
अपमानित होकर भी न जग सके मुझमें अपमान का भाव
क्योंकि अपमान का भाव एक चुहिया में जगा था
तो उसने जंगल की सत्ता की सहस्त्र डोर काट डाली थी
अपमान के भाव निरीहों में जगे थे
तो न जाने कहाँ-कहाँ
उन्होंने राजसत्ताएँ उलट डाली थीं
अपमान का भाव पद्‌मा डोमिन में जगा था
तो उसने राजा लक्ष्मण सेन का
राजत्व ही पलट डाला था
जागा था अपमान का भाव एक बहेलिए में
तो उसने राजा के बेटे का जाँगर थका डाला था
अपमान का भाव एक काग़ज़ की कश्ती में जागा था और उसने बिना गले
सागर पार कर डाला था
एक लँगड़े ने अपने अपमान-भाव के ख़िलाफ़ ही ऋष्यमूक पर्वत लाँघ
डाला था

काश! मुझमें भी जग जाते
मेरे सारे अपमानों के घाव।

## गर्मी

आया सावन
फिर भी इतनी गर्मी क्यों है धरा पर
क्या पृथ्वी के बनाने वाले तत्त्वों में
मच गया है कुहराम
कि आजकल अणुओं के बीच भी गोलबन्दी तेज़ हो गई है
कि यह अणुओं के अन्याय के ख़िलाफ़ ही
एक सीमा से ज़्यादा बढ़ गए परमाणुओं के क्रोध का नतीजा है
कि पृथ्वी के नीचे सर्पों की फुफकार का है यह एक
प्राकृतिक परिणाम
कि पृथ्वी पर ख़ूनी प्रतीकों की सत्ता के अश्वटापों से डर
ताज़ा हवाएँ न जाने कब से उठकर आकाश चली गई हैं
जो बीच-बीच में चल रही है खुली हवा
यह भी अन्यायों की दहकती अग्नि से होकर
झुलसती हुई आ रही है
कि जल-जलकर क्षार होते जा रहे हैं मानवीयता के नाभिकुंड
कि प्रभावी होते जा रहे अन्यायों के शक्ति कुठारों से
भविष्य में बदलाव की सम्भावना भी मरती जा रही है
मैंने सोचा था कि अगली सुबह आएगी तो मिलेगी थोड़ी मुक्ति
पर उफ्! आधिपत्य के प्रतीकों से मुझे नहीं मिल रही है निजात,
या कि मैं ही होता जा रहा हूँ निराश

कि इस गर्मी ने सचमुच मेरे स्वप्न पंखों को कर डाला है पुरछार

कभी किसी की बात मैंने पढ़ी थी कहीं किताब में
कि जब पृथ्वी पर बढ़ती है मज़लूमों की हाय तो गर्मी बढ़ जाती है
कि जब धरा का अक्षयिनी अमृत कुंड भी पूरी
तरह सूख जाता है
कि जब कल्पनाओं में मर जाते हैं उछाल
मन में प्रतीक मर जाते हैं
कि जब विचार, बसन्त और नियोजन के केन्द्र में जमकर बैठ जाते हैं।
अमीर-उमराव
और ग़रीब-गुरबा उसकी परिधि से भी बाहर
ढकेल दिए जाते हैं
सृष्टि में इतनी बड़ी घटना घट जाती है
और कहीं से कोई भी आवाज़ नहीं आती है
तो धरा पर भयानक उमस वाली गर्मी बढ़ जाती है
मैं इस गर्मी की बहुलता को अनदेखा न करते हुए
यह भी कहना चाहता हूँ श्रीमान्
कि गर्मी इसलिए भी बढ़ जाती है
कि कन्त नहीं आते परदेस से
मेरे लिए तो गर्मी इसलिए भी बढ़ती है कि
आकाश के कई विप्लवी तारे
एक नहीं हो पाते
और सारी आकाशगंगाएँ मिलकर भी
इस आकाश का रंग बदल नहीं पातीं।

## निराशा

सुबह के दस बजे हम बनारस जा रहे थे
एक दस साल का बच्चा भदोही के हाई-वे पर चिल्ला रहा था
ज़ोर-ज़ोर से
ट्रैफिक जाम दोनों ही तरफ़ था
स्तब्ध थी पुलिस
सहमे मालिकान थे
किसी ने कहा यह बालक हालाँकि बँधुआ है
पर न जाने किस मूड में ऐसा कर रहा है बर्ताव
क़ायदे से उसे ऐसा नहीं करना चाहिए था

उस क्षण उसे देखकर लग रहा था कि
मानव मन के लिए आज़ादी कितना शक्तिशाली भाव है
उस क्षण के लिए वह पूर्ण ताक़तवर था
वह लग रहा था बहुत प्रभावी
मुझे तो वह अत्यन्त सम्भावनाओं से भरा
भविष्यतारा लग रहा था
उसे देखकर मेरा यह विश्वास मज़बूत होता जा रहा था
कि लिखी जा सकती हैं टीकाएँ
कभी न कभी हाथी के सामने चींटी की भी,
अगर स्थितियाँ बदलें तो
बी.एस.एफ. बटालियन के सामने भी
सोनभद्र में कोल बच्चे अपने मूल अर्थ पर टीकाएँ लिख सकते हैं

गंगा नदी में मछुआरों के भयानक ख़ौफ़ के ख़िलाफ़ भी मछलियाँ
अपने अर्थ लिये जी सकती हैं
पति के आधिपत्य के बीच भी

कभी-कभी अपना मूल अर्थ ले प्रकट हो सकती हैं पत्नियाँ
नित्य प्रति के इतिहास में कोई ऐसा क्षण भी आ सकता है
जब मुखर के आतंक के बीच मूक भी अपने को अभिव्यक्त करने की
हिम्मत पा सकता है
मूक समुदाय हो, मूक संस्कृतियाँ या मूक इतिहास
शून्य की प्रतिभा तो जानते हैं गणितज्ञ
कमज़ोर की शक्ति गद्दियों से हटाई गई राजसत्ताएँ जानती हैं
इसीलिए मुझे लगता है कि
सहस्त्र तीरों से लैस व्याध से बचकर
झुरमुटों में अलोप हो गया हिरण भी
कभी न कभी अपने अर्थ बचाने की लड़ाई में
सफल हो सकता है
उस क्षण मुझे सचमुच लग रहा था लोगो
कि हममें से जो-जो होते जा रहे हैं व्यर्थ
आज नहीं तो कल उन सबके अर्थवान हो जाने की
पूरी सम्भावना है।

## गठरी

वे सब एक गठरी हैं
हालाँकि अनेक के माथे पर गठरी है
पर कुछ के पास छोटी टूटी सन्दूक
सत्तू, चूरा, लुंगी, सैंडो गंजी, लाइफबॉय साबुन
का टुकड़ा, छोटी कंघी से भरी
गठरी में एक कुरता है, कुरते में एक बगली है
उसमें रखी है उस बेटी की पासपोर्ट साइज

तुड़ी-मुड़ी तसवीर
जिसका पाँच पूरा हो गया है और
जो छठे में चल रही है
गठरी में एक हनुमानचालीसा है
दो तावीज़ हैं
और ठेकुआ है, माँ, बहन, पत्नी
के हाथों का बना हुआ
गठरी में झाँक रहा है
ग़रीबी से उबरने का अजीब जज़्बा

जौनपुर स्टेशन पर खड़ी यह ट्रेन
इन सबको लेकर मुम्बई जा रही है
हे ट्रेन! इन्हें लेकर मुम्बई क्यों जा रही है
वहाँ तो भट्ठियाँ सज रही हैं

वहाँ पिस रहे हैं ठीहे
वहाँ चाकू कर रहे हैं चहलकदमी

तलवारें पूरब से आने वाली गरदनों
की बाट जोह रही हैं

हत्यारों का मन मचल रहा है
यह ठीक है कि वहाँ पैसा
चमक रहा है
ट्रेन तू मुम्बई मत जा
आज की रात तो बिलकुल नहीं

हो सके तो दिशा बदल दे

न हो सके तो कहीं रास्ते में ही
हो जा ख़राब

अगर कुछ भी न हो सके तो हे रेलगाड़ी
थोड़ी देर के लिए बिलम जा
सुनते हैं क्रूरता, आक्रोश कभी-कभी
क्षणिक होते हैं
सम्भव है कि यह बात सच हो जाए
हो सकता है जितनी देर तू बिलमे
उतनी देर में हत्यारों का मन बदल जाए
या ये राहगीर ही वहाँ जाने का अपना
मन बदलकर स्टेशन से
घर लौट आएँ
अगर न लौटना चाहेंगे
जिन-जिनको ये छोड़कर जा रहे हैं
उनकी यादें इन्हें लौटा कर
ले आएँ

कि इनकी हिम्मत हार जाए
कि इनका धीरज टूट जाए
कि इनकी वह जिजीविषा थोड़ी देर
के लिए हार जाए
कुछ ही दिनों के लिए सही
पर यह कालरात्रि
टल जाए

कुछ कर, कुछ कर हे मुम्बई
जाने वाली रेलगाड़ी

ऐसे में तू ही कुछ कर
जब भाग्य, भगवान, पुलिस
सरकारें सब बैठी हैं चुपचाप!

## बाग़ और परिन्दे

बाग़ ख़ाली रह गया
उड़ गए परिन्दे
हिरामन सुग्गे न जाने कहाँ उड़े चले जा रहे हैं
सारंगी यहाँ है और सारंगी की आवाज़
कहीं और जा रही है

कहाँ जा रहे हैं ये लोग ट्रेनों में कसकर

कोई मुम्बई, कोई नोएडा, कोई पंजाब
वहाँ नाचेंगे इनके सपने
सिर चढ़ अगुरी रानी करेंगी राज
वहाँ माया के अनन्त प्रकाश में ये समा जाएँगे
और जोगिनी उन्हें जबलपुर से हैदराबाद तक
ढूँढ़ती फिरेगी

वे पिएँगे ठर्रा और पैसे के चारों ओर नाचते रहेंगे
पैसा नाचता है और नाचता पैसा काटता जाता है
माँ का दूध एवं पत्नी के प्यार का प्रभाव
पैसा सबसे ज़्यादा ऐसे लोगों की जड़ों पर वार
करता है

वहाँ वे जीने की बहुत कोशिश करेंगे

पर धीरे-धीरे खा जाएगा
इन्हें इनकी रोजी का शहर
हालाँकि वे ठोकते रहेंगे ताल
कि वह हमें क्या खाएगा
हम खा जाएँगे उसको
और हमें तनिक डकार भी नहीं आएगी
वे सब वहाँ से लौट जाना चाहेंगे
पर लौट नहीं पाएँगे
वह सब वहाँ जीवन की चक्की में पिस जाएँगे
वे कहाँ जा रहे हैं रेशम की डोर काटकर
वहाँ वैसे भी टोना बहुत है
और पानी बहुत कमज़ोर

वे वहाँ जाकर खो जाएँगे
और अनेक चिट्ठियाँ इन्हें ढूँढ़ती रहेंगी
वे वहाँ जाकर एक लम्बी गहरी नींद में सो जाएँगे
और अनेक कबीर उन्हें जगाते रह जाएँगे
प्रेम कबूतर जाएँगे और ख़ाली हाथ लौट आएँगे
अगर इनमें कोई निकल गया फ़िल्म लेखक
तो इन कबूतरों को रोककर बॉलीवुड की
कहानियों में क़ैद कर देगा
इनमें सर्वाधिक मज़दूर होंगे, एक-दो पत्रकार
कइयों में बाबू बनने की असीम सम्भावना भी है
वैसे तो ये सब पुरबिया हैं
पर वहाँ जाकर इनमें से कई हिन्दू हो जाएँगे
कई मुसलमान

कई शिव सैनिक हो जाएँगे
कई कांग्रेस ज़िन्दाबाद
इनमें से कुछ अमिताभ बच्चन के यार हो जाएँगे
कुछ ऐश्वर्या का अभी तक नहीं मिला प्यार
वे कुछ भी होंगे, पर जान लो लोगो
इनकी आत्मा में हुए रहेंगे कई-कई भाग

जिन्हें छोड़कर आए हैं वे
उनकी याद में बिना सोचे
दारू पीने और रोने के शाप से
वे कभी हो न पाएँगे मुक्त।

## खुदाई में हिंसा

आल्हा के तालाब की खुदाई में तो मिली नहीं थी
न ही मिली थी रेगिस्तानी रणक्षेत्र में
आल्प्स की पहाड़ियों में रहने वाले
आदिम लोगों की स्मृति में भी नहीं थी
ऐसी हिंसा

अंगुलिमाल और सुल्ताना डाकू के मन में भी
ऐसी हिंसा नहीं थी
ऐसी हिंसा कभी सुनी नहीं थी
बरछे, भाले और कटारों ने भी

कलियुग के देव महाराज कल्कि के मुकुट में

भी नहीं थी ऐसी हिंसा
फिर ऐसी हिंसा आई कहाँ से
आँखों में, भाषा में, वाणी में
मन में, भावों में, विचारों में
झंडे, देवी जागरण एवं ग्रन्थों में
तत्त्व में एवं अध्यात्म में
पंडित, दलित एवं बाज़ार में
सब्ज़ी बेचने वाले कुंजड़े में
हममें और आप में
जल में, वायु में, क्षीरसागर में एवं
ताल-तलैयों में

गाँव में, नगर में एवं महानगर में
कैपिटल में एवं मेट्रोपोलिज में
बाप-बेटे में
भाई-बहन में
पति-पत्नी में
साथी-संगी में
डोर में, धागे में एवं सम्बन्धों में
नीति निर्माता, प्रशासक, कला जगत एवं
कलाकारों में तो ऐसी आई है हिंसा
कि गांधी की प्रतिमा भी ऐसी गढ़ दी है
जिसकी आँखों की कोर से हिंसा झरने लगी है

चारों ओर ऐसा डंका पीट रही है
हिंसा कि
संत ज्ञानेश्वर, बाल्ज़ाक, टालस्टॉय
एवं टैगोर

फूट-फूटकर रोने लगे हैं
कहाँ से आई है हे पंढरपुरवासी
हम सबमें ऐसी हिंसा।

## छोटे-छोटे लोगों की छोटी-छोटी कविताएँ

छोटे-छोटे लोगों की छोटी-छोटी कविताएँ
छोटी-छोटी जगहों में रहती हैं
सींक भर छेदों, चींटी के बिलों
भुरकी व खोढ़रों में भी
लय बन बहती रहती हैं।

किसी को ख़बर तक नहीं
महाजनों के महाआख्यानों के बिलकुल बगल में
टूटे-फूटे शब्दों में बनती हैं
छंद, मात्रा, अलंकारों से हीन
जीती हैं लयों में ससरती हुई
छोटे-छोटे लोगों की छोटी-छोटी कविताएँ
कविताएँ हेला, छीपी, रंगरेजों की
प्रजा की, रंक की, भुक्खड़ों और दुक्खड़ों की
अनन्त कविताएँ
जिन्हें कोई लिखे या न लिखे
जिन्हें कोई पुरस्कार मिले न मिले
अपनी पूरी ऐंठ में रहती हैं
मन्दिर के रागों, देवी के कीर्तन, दरबारी मनोरंजन
कविता के महामहोत्सवों से बिलकुल भिन्न

रहती हैं रोज़-रोज़ करती हुई चकनाचूर
काल को अपनी झाड़ू, हथौड़ों व रंग-बिरंगे सपनों से
छोटे-छोटे लोगों की छोटी-छोटी कविताएँ
छोटी-छोटी जगहों में रहती हैं
किला हो, दुर्ग या राजमहल
महान स्थापत्यों में करती हुई छेद
अपने लिए जगह सिरजती हैं
स्वागत उनका होता नहीं
कहीं तोड़ती हुई-कहीं फोड़ती हुई
अपनी दुनिया रचती हैं
मंचों-प्रपंचों में भले न दिखें
कई बार तो अस्फुट अभिव्यक्तियों में
रहती हैं।

कई बार आती हैं शब्दों में
कई बार शब्दों में आने से मना करतीं
प्रायः आएँ, बाएँ, कोने-अँतरे इनारे-किनारे ही
रहती हैं
करघे में, राँपी में, चाकों में, सुए में
कुएँ में
अग्निवन में विचरती हैं
जुड़ती हुई आपस में
महान गीतों को देती हुई मात
छोटे-छोटे लोगों की
छोटी-छोटी कविताएँ
छोटी-छोटी जगहों में रहती हैं।

# राष्ट्रीय कवि

सीधी दिशा में चलने में होती है आसानी
साथ देती है प्रकृति, साथ देता है आसमान
हवाएँ झूम-झूम पथ बुहारती हैं
पेड़, रूख और आरामगाह सब खड़े होते हैं
साथी की तरह नियत यात्रा में
पीर, फकीर, गाय और कनफट जोगी
आज भी चल रहे हैं उलटी दिशा में
मैं यत्न कर-कर के थक गया
पर हमारा यह राष्ट्रीय कवि
बार-बार क्यों कतरा जाता है उल्टी दिशा में चलने से

उल्टी दिशा में भँवर खुलते हैं
उल्टी दिशा में मिलती हैं राज़दार सुरंग
उल्टी दिशा में ही अग्नि की नदी पार करने के तुरन्त बाद
दिखते हैं रत्नों के पहाड़
उल्टी दिशा में ही कामधेनु गाय मिलती है
उल्टी दिशा में ही मिलते हैं
मनोकामनाएँ पूरे करने वाले वृक्ष

उल्टी दिशा में ही बाबा फरीद मिलते हैं
यह ठीक है कि उल्टी दिशा में ज़लज़ले, खाइयाँ, जल्लाद
और ठगों वाले सराय भी मिलते हैं
पर उल्टी दिशा में ही अनहद नाद गूँजते हैं
उल्टी दिशा में ही उठता है अन्त:तम से आत्मप्रकाश
उल्टी दिशा में ही बुझती है मन की प्यास
उल्टी दिशा में ही चल मेरे मन।

# कवियों की इच्छा के विरुद्ध

उस दिन माँ की मृत्यु के बाद हुए कर्मकांड में
गरुड़ पुराण सुनते हुए मुझे लगा कि
अगर यह दुनिया बन नहीं रही है
कवियों की इच्छा के मुताबिक
तो सर्वनाश होगा

पूर्ण नहीं हो पाएगा ऐसी दुनिया के बनने का काम!

उनकी मृत्यु के बाद उनकी अतृप्त आत्माएँ
दुनिया बनाने वालों को ज़रूर तंग करेंगी।
दुनिया के निर्माताओ, सदी के नायको
उद्योगपतियो, शेयर बाज़ार के मालिको
भड़ुए, दलालो
तुम्हें तंग करेंगी उनकी अतृप्त आत्माएँ

पीपल पर टँगे घट से उतर कर
अपनी मृत्यु के ग्यारहवें दिन
वे तुम्हारी बीवियों की कोखों को ज़रूर नष्ट कर देंगी
तुम्हारी भावी संततियों पर वे गिरेंगी
पक्षाघात की तरह
और उफनती आकांक्षाओं पर महामारी की तरह

सुनबहरी, सन्निपात, डायबिटीज
और न जाने क्या-क्या
जिससे तुम कर नहीं पाओगे इस दुनिया का उपयोग

डालर, गिल्डर, येन
बैंक, गड़े धन
कार, भूमंडलीय बाज़ार
तब जलकर हो जाएँगे ख़ाक एक रात

अगर यह बात सच है कि
यह दुनिया बनाई जा रही है
कवियों की इच्छा के विरुद्ध।

## मेरी लय

मैं कर रहा हूँ लय का इन्तज़ार
इतने युग, इतनी सदियाँ बीतने के बाद भी
मेरा वजूद तरसता रहा है
अपनी लय के लिए

लय जो शब्दों, भावनाओं, रक्त-मज्जा
और हृदय के अन्तःस्थल में
बहती रहे अजस्त्र धार की तरह

मेरी सोच, समझ, विचार
सब छितरे हैं इधर-उधर
कौन उन्हें सहेजे, कौन उन्हें सहलाए
कौन उन्हें धार दे लय के बिना,
कालिदास को मिल गई थी उनकी लय
रामगिरि पर्वत पर

पुरवा हवा जो इतनी लय से बहती है
को मिल गई थी लय
मलयगिरि के ठीक नीचे ढाक के वन में
सेमल के फूलों की अपनी लय
सुग्गे के कंठहार में
मिली थी
चाँद के बारे में शायद आपको पता नहीं
उसने अपनी लय को पाने की बेचैनी में क्या-क्या नहीं किया
गुरु बृहस्पति के यहाँ पानी तक भरा
शुक्र के यहाँ की कितने वर्षों तक तंत्र साधना
आख़िर में उसे मिली उसकी खोयी लय
पूर्णिमा की रात में चाँदनी में समाते वक़्त

हाथी को पता नहीं था
पर हाथी की लय गजमुक्ता में छुपी थी
सर्प की लय छुपी थी उसके मस्तक के बीच में
रहने वाली मणि में
कास के फूलों को भी मिल गई
उसकी लय
हवा में उड़ते-उड़ते

मैं अभागा
आज तक वंचित रहा हूँ अपनी लय से।

## कविता का छन्द

हालाँकि यहाँ के नागरिक तो सभ्य थे
चौक पर टँगी दीवाल घड़ी भी सभ्य ढंग से चल रही थी
समय से दफ़्तर खुलते थे और बन्द होते थे
नागरिक समितियाँ और ज़िला सरकारें ठीक ढंग से काम कर रही थीं

किन्तु यह अजब समाज था
जहाँ नरसंहारों के सरकारी आदेश को
मिल गई थी महाकाव्य के रूप में स्वीकृति
और उसका रचयिता महाकवि के रूप में पूजित था
कोई उसे छन्द में, कोई चम्पू गद्य में
कोई उसे सरस संगीत में कर रहा था आबद्ध
कि सिद्ध हो नरमेध और काव्य का नाभिनाल सम्बन्ध

कोई सिंजनी बजा रहा था
कोई उस पर रच रहा था अनहद नाद
सूर्य रश्मियों से कविता का संगीत आ रहा था
जो जितना हिंसात्मक था
वह उतना ही काव्यात्मक था
जो जितना क्रूर
वह उतना ही काव्य मद में चूर
जो जितना छली था, वह उतना ही काव्य का बली था

जनतंत्र के अपमान में था निहित काव्य का सम्मान
जनता और राज्य का सम्बन्ध छन्दोबद्ध
मज़ाक़ में तब्दील होता गया था
राग-रागिनियों में हो रहा था

## जनाकांक्षाओं पर कुठाराघात

यह अजब समाज था
जो जितना था व्यूह रचना का गुणी
वह उतना ही बड़ा काव्य शिरोमणि
धनी! काव्य प्रतिभा का धनी!

जो जितना दक्ष था विधानों का करने में अन्यायी रूपान्तरण
उसी ने सचमुच कर रखा था बाह्य का अभ्यंतरण
और वही रसिक था

कपट कुरंग से था जो जितना सुसज्जित
वह उतना ही था जन मन फल से मज्जित
हालाँकि राज्य था, सरकार थी, लोक था, लोकाभियुक्त था
जन था, जन अदालतें थीं
किन्तु यह अजब समाज था
जहाँ काव्य पद पर आसीन थे
कामी, क्रूर, हत्यारे
और नरमेघ जहाँ राज्य की कविता का सबसे लोकप्रिय छन्द था
उसी अनुत्तरदायी, अगंभीर, आततायी व्यवहार में
खड़े हुए थे कई गणराज्य
जन समाजों का ख़ात्मा जिनका आख़िरी छन्द था
छन्द! छन्द! छन्द!
सब कुछ छन्द था

जो छन्द नहीं था
वह अघोषित रूप से सेंसर में बन्द था

आप उसे चिट्ठी न लिखें श्रीमंत
पता नहीं आपकी चिट्ठी उस तक पहुँच पाएगी या नहीं!

## सिर्फ़ चार दिन

पहले दिन इच्छा जगी
दूसरे दिन आस
तीसरे दिन जग गयी मुझमें पाने की चाह
चौथे दिन, हाँ चौथे दिन जब मैंने पाने के लिए हाथ बढ़ाया
सेमल का फूल उड़ गया बीच आकाश
जीवन कितना छोटा है मेरी हिरण!

## वह

ग्यारह साल हो गए उसे पहनते हुए फटे कपड़े
नौ साल से कम नहीं हुए होंगे खाए दोनों जून रोटी
सात साल हो गए उसे रोज़-रोज़ होते अपमानित
तीन साल हो गए उसे रोज़-रोज़ जलालत सहते
रोज़ छीजते, रोज़ क्षरित होते
जितने साल हुए उसे जन्म लिए हुए
उतने ही साल हुए उसे तिल-तिल मरते
हे बुद्ध! आपकी धरती पर यह जीवन की
कैसी परिभाषा है?

## लगाओ गुहार

जैसे सेनाएँ आती हैं युद्ध लड़ते हुए
धर्म आते हैं पताका फहराते हुए
हर-हर, अल्ला-हो-अकबर गुँजाते हुए
साम्राज्यवाद का तोप चलाते हुए
वैसे ही अब सत्ता एवं शक्ति के विचार आते हैं
मीडिया, मोबाइल, बाज़ार और आर्थिक कूटनीति के साथ

शक्तिवानों के विचार आते हैं
कमज़ोरों के विचार को हराते हुए
फिर अपना साम्राज्य फैलाते हैं

लोगो! भूलो मत
तीसरी दुनिया में अभी भी चल रहा है
विचार का एक दुर्धर्ष संग्राम
और दुख के साथ कहना पड़ रहा है कि
देशज विचार लगभग हारने के क़रीब हैं

कवियो! थोड़े क्षण के लिए दिल्ली और केपटाउन की माया से
मुक्त होओ
बचाओ अपने को क्रिओल में बदलने से

लगाओ गुहार
कि बच सके देशज विचार
और कहीं नहीं तो
गिरि-पर्वत, जंगल-झाड़ में ही
उनके भी पक्ष में चलाओ

एक हस्ताक्षर अभियान
कविगण! मेरे देश की शान

## भदोही बस स्टैण्ड पर

बाँधे मुरेठा
सर में पंख खोंसे
खूँट में सुर्ती बाँधे
मारकीन का कुरता, अलमुनियम का लोटा
आम छाप बीड़ी और सतुए की रोटी
बाँधे गठरी में
कबीर खड़े थे भदोही बस स्टैण्ड पर
बस के इन्तज़ार में!
यहाँ तो हद-बेहद दोनों चला गया
अब यहाँ रह कर क्या होगा
चलो और कहीं चलें।

ओस, धान की फुनगी, गेहूँ के पौधों की डाली की चमक
और नदी का पानी
जिन सबसे मैं गढ़ रहा था
एक सुंदर चाँद
सब नीलाम हो गया

यह बस अगर नहीं भी मिली तो क्या
चला ही जाऊँगा किसी और बस से
कंडक्टर ने अगर

टिकट का पैसा न होने के कारण
बस से उतार भी दिया तो क्या

चला जाऊँगा कहीं और
चिड़ियों के आवाज़ के पंखों पर
सवार,
चला जाऊँगा गाजियाबाद
वहीं लगाऊँगा अपना ठौर

पर गाजियाबाद में भी
जहाँ जाऊँगा बुनने-कातने
वह जगह—वह करघा भी
कोई न कोई ख़रीद रहा होगा,
कोई न कोई बेच रहा होगा

खंजड़ी की आवाज़ को मन में सुमिरते
सोचा कबीर ने
कोई बात नहीं
कहीं कुछ नहीं होगा
तो सूरत चला जाऊँगा
यह सोचते कबीर यह भूल गए थे कि
सहमत के अनहद नाद के बावजूद
वहाँ बजाए जा रहे थे कई ख़ंजर
उनके इन्तज़ार में

मैंने चिंतित हो जब उन्हें
यह बात याद दिलाई
तो उन्होंने उदासी भरे स्वर में कहा,

कोई बात नहीं
जब कहीं भी रहने नहीं दोगे
आप लोग
तो जो चाँद मैं गढ़ रहा था
तुम लोगों के लिए
उसे लेकर मैं अमरपुर चला जाऊँगा
यह कह वे अजब बेचैनी से
अपनी मारकीन की बंडी में
कुछ टटोलने लगे
मानो अपनी बगली में चाँद ढूँढ़ रहे हों।

## बेगमपुरा एक्सप्रेस

अमरपुर से बेगमपुरा तक
चलती है एक ट्रेन
बेगमपुरा एक्सप्रेस
सुबह पाँच दस पर
बिल्कुल ब्रह्मबेला में।
टिकट काउंटर पर बैठा है क्लर्क टिकट लेकर
कहते हैं कि पैसे से मिल जाता है सब कुछ
पर लोग हाथ में लिये खड़े हैं पैसे, रुपये व एटीएम कार्ड
टिकट बाबू फिर भी उन्हें टिकट नहीं देता

क़त्ली, ख़ूनी, बलात्कारी
बेईमान, चालू, फ्रॉड, लम्पट
हिंसक, झूठा, बवाली,

सुल्तान, साहेब, मालिक
इन सबको नहीं मिलेगा टिकट
दम्भी कवि, सत्ता के बौद्धिक
सब खड़े रह जाएँगे और नहीं मिलेगा
उन्हें इस ट्रेन का टिकट

टिकट बाबू अगर इन्हें बेचना भी चाहेगा
तो उसके हाथ बेकार हो जाएँगे

जो ढाई आखर जानता होगा
वही बेचेगा टिकट
जो ढाई आखर जानता होगा
वही पाएगा टिकट

लहरों से होकर आए तारों को
कोमल मन सुकुमारों को
सराय के मालिकों को तो नहीं
पर सराय में रुकने वालों को
मिल जाएगा टिकट

टिकट बाबू सोना ले लो, चाँदी ले लो
मुहरें और मोती ले लो
पर दे दो मुझे टिकट
कई दशकों से मैंने कोई यात्रा नहीं की है
मैं जाना चाहता हूँ
बेगमपुरा
ट्रेन खुलने लगी है, हरे पंछी पेड़ से उड़ने लगे हैं
ट्रेन में धाना बैठे है

पीपा बैठे हैं
बैठे हैं सेना नाई
ट्रेन खुलने लगी है।

## तुमड़ी का शब्द

यह सबद की तुमड़ी है
कि तुमड़ी का शब्द
कहना कठिन है

यह शब्द कितना शाश्वत है
कितना क्षणभंगुर
कहना कठिन है

यह कितना नानक का है
कितना कबीर का
कि कितना बोधा, रैदास का
हिगराना कठिन है
बिलगाना कठिन है
कि यह कितना है जौनपुर से आए खिलाड़ी राम का

इस शब्द में क्या है
बूझना कठिन है

इसमें कितनी चाहते हैं, कितनी हसरतें
कितनी इच्छाएँ, आकांक्षाएँ, स्वप्न घुले-मिले हैं,

इसमें कितना भूत है कितना भविष्य
कहना कठिन है

कहना नहीं है आसान कि
इसमें कितना शामिल है इसे कहने,
गाने, सुनने वालों का वर्तमान
इसमें कितना निछुका शब्द है
कितना टेक, कितना कहनी, रहनी और कितना छंद है
कितना आऽऽ, साऽऽ, रेऽऽ का योगदान है इसमें

जिस तुमड़ी से निकला है शब्द
वह कितना जोगी का है
कितना जती का
कितना राजा का
कि कितना है जन का और कितना जनतंत्र का
कहना कठिन है

पर सुनो! इस शब्द से निर्बल को बल मिलता है
निर्धन को धन
अंधे को आँख मिलती है
और बहरे को कान
इसमें निराकार को
निराकार में भी साकार मिलता है

इससे अपमानितों को सम्मान मिलता है
मिलता है इसमें निचलों को उठान
इन्हीं शब्दों से ग़रीबों में जनमता है
ताज और तख़्त हिलाने का स्वप्न

देखो कितने तोप, तीर, तलवार,
आरी, कटार, तने हैं इस शब्द पर
कई फूलों के बाण से
इसे मार कर खा जाने
में सिद्धहस्त
लगाए बैठे हैं घात

डरता हूँ मैं
इस शब्द के लिए डरता हूँ

बीच-बीच में ढाढ़स बँधाता है मुझे
तुमड़ी पर गा-गाकर नाचता भगैत
डरो मत कवि!
यह शब्द मरते ही जी जाता है।

## खोया हरा सुग्गा

जैसे हाथ से दमड़ी खो जाती है
जैसे खेलते वक़्त निशाना मारने पर कभी-कभी टन्ना खो जाता है
जैसे अँगुलियों से रेंड़ी छूट जाती है
जैसे देखते ही देखते हवा में उड़ जाता है रुई का फाहा
जैसे गाँठ में बँधी किसी की कमाई खो जाती है
जैसे नीम के पत्तों से नीम का फूल खो जाता है
जैसे गौरैया के चोंच से कभी-कभी छूट जाता है तिनका

जैसे हिरण की राह बिछुड़ जाती है

जैसे पानी में सिक्का खो जाता है
वैसे तुम मत खोना

जब सब कुछ खो रहा हो आज के वक़्त
और कहते हैं कि खोई चीज़ें कभी मिलती नहीं
पर अगर तुम्हें मजबूरी में खोना भी पड़े
तो खोकर मिल जाना

ज्यों अनार के पेड़ को कई बार मिल जाता है
उसका खोया हरा सुग्गा

जैसे एक अगहन में नहीं तो दूसरे अगहन में
बाजरे के डाँठ को
उसकी अपनी गौरैया मिल जाती है
जैसे टूट रहे सपने को नींद मिल जाती है
और उदास आकाश को
मिल जाता है
उसका शुक्रतारा

## उसका शहर

मैं उसके शहर से जा रहा हूँ
अपने आप को छोड़कर

अपने आपको छोड़कर
और अपनी आत्मा को छोड़कर

अपनी गिलहरियाँ, अपने खरगोश, अपने हिरण
और अपना हंस छोड़कर
अपनी सारंगी, अपने तंबूरे छोड़कर

शब्द लौटना चाह रहे थे मेरे साथ
मैंने कहा भावों के बिन लौटकर क्या करोगे
वाक्यों ने जिद करते हुए कहा
हम तो तुम्हारे साथ बने हैं,
हम तो तुम्हारे साथ रहेंगे
मैंने कहा मेरे साथ चलकर तुम क्या करोगे
उसके बिन तुम क्या रचोगे

यह जो मेरा तन है, यहीं रहेगा
ये मेरे तन पर टँगे कपड़े हैं
जो मेरी शक्ल में जा रहे हैं इलाहाबाद
यह समझ न पाया मेरी आई.डी. माँगता
एयरपोर्ट के गेट पर खड़ा
सी.एस.एफ. का जवान
मेरी साँसें, मेरे पदचाप, यही घूमेंगे
आस-पास

मेरे दोस्त जो विदा करने आए
शायद समझ न पाए
कि मैं जा रहा हूँ यहाँ से
अपनी आवाज़ छोड़कर
मेरी आवाज़ें हल्के-हल्के गूँजेंगी उसमें
बिना उसे
डिस्टर्ब करते हुए

मैं चाहता हूँ कि मैं जाऊँ
पर मेरी आँखें यहीं रह जाएँ
जो देखें उसे लिखते हुए
काम करते हुए, राज करते हुए
अपने पति को खिलाते हुए
बेटी को प्यार से सहलाते हुए

मैं इस शहर से जाऊँगा
बालों से भरे अपने कान छोड़कर
जो सुनेंगे उसकी हल्की लहरों-सी आती आवाज
मत डर मेरे यार! किसी को नहीं होगा भान,
इस शहर में कोई ग़ालिब नहीं है
जो यहाँ किस कालोनी के किस फ़्लैट में
मेरा दिल रहता है, भाँप पाए

जो दोस्त मुझे विदा कर रहे थे,
पूछ रहे थे, ठीक से सब कुछ पैक कर लिया न!
उन्हें पता ही नहीं था कि
मेरा क्या-क्या छूटा जा रहा है यहाँ
मेरा जीवन, मेरी साँसें, मेरी आत्मा,
मेरी आँखें
जिन्हें लेने मैं शायद यहाँ
अब कभी आ न पाऊँ।

## चुप्पी

चाँद, रात, महुए के फूल का बास और
अनंत उड़ानों से बनी
वो थोड़ी जादू थी, थोड़ी लड़की
थोड़ी-थोड़ी उड़ती हुई चिड़िया थी वो

वो थोड़ी दिन थी, थोड़ी रात
थोड़ी चुप्पी, थोड़ी बात
वो वैसी थी मानो झूठ हो वो
पर मैं उसे जितना जान पाया
उतनी थी वो साँच
कुछ-कुछ ओस थी वो, कुछ-कुछ धुंध
वो वैसी थी जैसे सोनमछली हो वो

आँखों के कोर में रहने वाली स्वप्न
हवा की सिहरन थी वो
आपने महसूस किया है कभी मोर की पुकार
मोरनी का आकर्षण
कोयल की कूक
थी वह।

तन की आत्मा, मन का प्राण
आधी रात में महकने वाली डुमरी के फूल जैसी थी वो

वह सचमुच में क्या थी, कौन थी, जब मैं जानता नहीं तो
क्या कह सकता हूँ
मैं तो बस इतना कह सकता हूँ

थी वो थोड़ी-थोड़ी चाँदनी की चमक में
दूर से दिखने वाली रेत पर सोई नदी के समान

वह प्यार थी, और कुछ नहीं
बिलकुल प्यार

टूटती, टूट-टूट कर जुड़ती, जुड़कर अनंत से आती हुई
एक पुकार के समान।

## मेरा कोई एक पता नहीं है

वेणुवन में
पत्थर के चबूतरे के नीचे
चुन दिया गया था मैं
प्राचीन काल में

सामूहिक तीव्र स्वर में मंत्र जाप के साथ
एक कर्मकाण्ड में

झीर-झीर पवन वेग के संग
गूँजती हैं उस वक़्त फूटी मेरी रुलाई
आज भी आधुनिक काल में,

न चिड़ियाँ-चुरगुन
न पेड़-रूख,
न हिरण-हरकारे

न राही-बटोही,
न फोन, मोबाइल
कोई भी सुनने वाला नहीं

जो सुनता है
वह समझता नहीं
जो समझता है
वह उसका अर्थ करने में
बार-बार हो जाता है
असफल

कोयल जो सबसे ज़्यादा
जानती, सुनती, समझती
और करती है रुलाई की बात
'समझती हूँ, समझती हूँ' कहकर
भी कुछ समझ नहीं पाती

सूखे पत्ते की तरह
एक कौआ हकनी जो उधियाती रहती है बीच जंगल में
वह भी छू-छू कर निकल जाती है मेरी रुलाई
कवि, आलोचक, प्रेमिकाएँ
सबके कान के पर्दे से होकर दिल के दरवाज़े पर खटखट कर
लौट आती है मेरी रुलाई

महुआ के बिखरे पत्तो
तुम तो उड़-उड़ पहुँच जाते हो
कभी-कभार

नागरिकों के बीच
पर तुम भी तो पहुँचाते नहीं वहाँ तक मेरी रुलाई

मेरी रुलाइयों की गूँजती है
अनेक आवृत्तियाँ
उनमें से कुछ का वध करने
पुलिस-मिलिट्री घूमती है जंगलों में
वो भी नहीं समझ पाते
कि कहाँ उद्गम हैं और कहाँ अन्त
इन रुलाइयों का
कि कहाँ ये सिरजती हैं, कहाँ ये जन्मती हैं
कहाँ-कहाँ रहती हैं
और कहाँ ये पहुँचती हैं

बस वे अंधाधुंध चलाते रहते हैं गोलियाँ
चाँद के बीच बैठी,
एक परी-सी लड़की
लिखना चाहती है मुझे चिट्ठियाँ
पर उससे मैं कैसे कहूँ
कि तंत्र शक्ति, मंत्र शक्ति,
ज्ञानशक्ति और राजशक्ति
सबके द्वारा मैं जड़ दिया गया हूँ
एक विशालकाय पत्थर के नीचे
पत्थर के ही शिलापट पर

फिर भी,
मेरा कोई एक पता नहीं है
मैं घूमता रहता हूँ

बवंडर-सा
बौराया हुआ।

## तुम क्यों नहीं समझते

आनन्द, वैभव, ख़ुशियों की तलाश में
मॉल, हाईवे, फ्लाईओवर से गुज़रते
तुम पहुँच रहे हो
एक महाबाज़ार में
उसी बाज़ार के बिलकुल बगल से
खुलता है मृत्यु लोक का एक महाद्वार
तुम समझते क्यों नहीं

तुम समझते क्यों नहीं
कि ज़िन्दगी की हँसी-खिलखिलाहटों के बीच
यह दुनिया है एक महाश्मशान
हीरे में भी पत्थर होता है तुम क्यों नहीं समझते
तुम क्यों पानी के बुलबुले पर बैठ
राई-राई, पाई-पाई जोड़ने में समझते हो अपनी शान

तुम समझते क्यों नहीं
कि इस सभ्यता को
कबीर की एक बार फिर आ पड़ी है ज़रूरत
कि एक बार फिर पुराने डिक्शन में नई बात
कहने की बड़ी आवश्यकता है

तुम समझते क्यों नहीं
कि प्रेम मात्र सुख ही नहीं है
प्रेम के पीछे भरा है अनंत दुख
कि तुम्हें बुद्ध क्यों नहीं आते याद

यह ठीक है कि यह ज़िन्दगी बहुत मनोरम है
और चौरासी योनि के बाद
मानुष जन्म पाने पर
तुम चाहते हो इस जीवन के हर आनन्द को भोग लेना
परन्तु तुम यह क्यों नहीं समझते
कि चार्वाक दिल्ली में महाभोग के बाद भी कितना दुखी है
और शाहदरा की किसी गली में बैठा फूट-फूट कर रो रहा है

कि तुम फिर से उस हंसा को
क्यों नहीं करते याद
जो हरे गाछ से उड़ान भरने को
न जाने कबसे खड़ा है
तैयार।

## अगर आप कविता लिखें

अगर आप जिसके ख़िलाफ़ कविता लिखें
और वही उस कविता की लोगों से करने लगे तारीफ़
तो आपका क्या होगा,
आपकी कविता का क्या होगा,
आप उसका करेंगे क्या
तो उसको आप कहेंगे क्या

महामानव, महाकारुणिक या क्या
अगर आप किसी के अन्याय से तंग हो उसकी हत्या करना चाहें
और वह आप की ही प्रशंसा करने लगे
आपके विरोध को जो आपके सामने ही
प्रेमजाल में बाँधकर उसका वध कर डाले
अत्याचारी के अत्याचार के ख़िलाफ़ आपमें उपजती घृणा और
प्रतिरोध को चूस जाए
आपके नकार को आप ही के ख़िलाफ़ कर दे,
जिसके ख़िलाफ़ आप लिखते हैं पर्चा
और यह पर्चा वह अपनी तारीफ़ में यूज़ कर ले
क्या करेंगे ऐसों का, कवि जी क्या करेंगे
जब पजाने के लिए न हो कोई पाट
तो अपने विचारों को कैसे तीक्ष्ण करेंगे
प्रतिरोध की कौन-सा नया राह चुनेंगे।

## बुरूंस के फूल

बुरूंस के फूल! बुरूंस के फूल
तुम अपने पत्तों के इतने पास कैसे रहते हो
मेरी प्रिय तो इतना दूर रहती है
न जाने तूने पूर्व जन्म में कौन से किए होंगे पुण्य
और इस जन्म में न जाने कौन पर्व किया होगा
कौन-कौन से दिन भूखे रहे होगे
किस महादेव पर जल चढ़ाया होगा
मैं यही सोचता हूँ खड़ा यहाँ एकांत में

आकाश में उड़ता एक लाल पतंग मुझे समझाता है
कृष्ण भी तो राधा से कितना दूर रहे थे
कि मालशाही भी कितना तड़पा था
राजुला के लिए
कितना भी आत्मा के लिए कितना तड़पती है
कि मन से पूछना कि वह कैसे रह लेता है प्राण के बिना
मछली हालाँकि मर जाती है तड़प-तड़प
पानी के बिना
पर रह तो लेती है
कि देखो बेतवा, चेनाव नदियों में भी कितनी तड़प है
कि लकड़ी से ज़्यादा जलती है आग
कि कालिदास भी अकेले रहे कितने साल
कि नेहरू को भी लेडी माउंटबेटन कहाँ मिलीं
कि रात जिसके आगोश में इतने होते हैं अरमान
उसके भी सारे अरमान कहाँ पूरे हो पाते हैं
कि बंगाल के राजा लक्ष्मण सेन जिस
भीलनी औरत के प्यार में थे पागल
वह भीलनी उन्हें मिलकर भी कहाँ मिल पाई
कि मिलने की सम्भावना का बिलकुल न होना
कि मिलते-मिलते न मिल पाना
कि न मिल पाने के लिए छूट जाना
कि मिल-मिलकर छूट जाना
ये सब तो हैं पार्ट ऑफ लाइफ
समझा रहा था मुझे
आकाश में उड़ता पतंग।

# देश

जैसे चिड़ियों के देश नहीं होते
क्या ऐसा हो सकता है कि
कवियों का भी देश न हो
चिड़ियाँ चली जाती हैं एक जंगल से दूसरे जंगल
और कोई उनसे उनका पासपोर्ट नहीं माँगता
कोई नहीं पूछता कि—रे चिड़िया तेरी पहचान क्या है
तुम तो रहने वाली वहाँ की हो, यहाँ क्यों आईं,
न उन्हें वीजा सम्बन्धी किसी पूछ-ताछ से गुज़रना होता है

क्या ऐसा हो सकता है कि किसी भी सरकार के पास कवियों को
नागरिकता दे पाने की
और देश से निकाल पाने की
न शक्ति हो, न अधिकार
न उन्हें बीमा कराना पड़े
न एंबेसी में बार-बार जाना पड़े
जब चिड़ियों के लिए जेलें नहीं होतीं
तो आदमी के रूप में रह रहे
कवि के लिए ही क्यों हो जेल
कि उन पर नियंत्रण क्यों हों
कि उनके लिए खाके और खाँचे क्यों हो
न कोई बिहारी कहे, न कोई पहाड़ी
लोगों, नागरिकता से परे उन्हें लोग में
तब्दील होने दिया जाए
एक सागर बनने दिया जाए,
उन्हें एक सागर में बहने दिया जाए
कुछ ऐसा किया जाय कि

भाषा से आज़ाद हों भाव
सबसे अपनी बात कर पाएँ
और कल्पनाएँ कहीं से उड़कर
कहीं चली जाएँ
पासपोर्ट के बिना।

## काश मैं

काश! मैं एक सरल गणित की तरह होता
जिसे तुम आसानी से समझ पाते
काश! मैं ककहरा होता जिसे तुम पढ़कर आसानी से रट पाते
काश! मैं कैलेंडर में फिट होने वाली तारीख़ों में से एक तारीख़ होता
जिसे तुम एक बार आँख उठाते और खोज पाते
पृष्ठ संख्या पड़ी हुई
सबसे आसानी से शेल्फ़ में दिख जाने वाली तेरी
किताब का एक पृष्ठ होता है

मैं तो कोटियों को तोड़ता,
समीकरणों को ध्वस्त करता
रेखाओं को क्रॉस करता
जोगी समान मन वाला एक कवि हूँ
जो आज यहाँ तो कल वहाँ
जिसके साथ उड़ने के लिए
कल्पनाओं के पंख चाहिए

पंख सुगापंखी रंग का
बस उसके बीच में पड़ी हो नीली-सी एक छोटी छाँह।

## प्रातः भ्रमण का आधुनिक पुराण
(मॉर्निंग वॉक)

आज दिव्य हुआ मॉर्निंग वॉक
एक तरफ़ से अजीम प्रेम जी आ रहे थे
दूसरी ओर से इन्फोसिस के मूर्ति नारायण
और तीसरी तरफ़ से मैं
तीनों मिले शेषाद्रियैया पार्क में

मैं अपने स्वास्थ्य के लिए चिन्तित था
वे दोनों अध्यात्म, इन्वेस्टमेंट
और देश के लिए चिन्तित थे

काफ़ी ग़रीबी इस देश की कम कर दी है हमने
इसे सिलिकॉन में तब्दील करना है
वॉक करते-करते हाथ ऊपर-नीचे करते
अजीम प्रेम जी ने फ़रमाया

पार्क के किनारे बैठे कई भिखारी कुछ मवाली
ऐसे मुस्कुरा रहे थे, जैसे वे हमें मुँह चिढ़ा रहे हों
उसी वक़्त सिलिकॉन वैली के इस पार्क की सड़क
पर बिलबिलाते अनेक कुत्ते हाँव-हाँव करने लगे

न जाने क्या कुछ घटित हुआ,
मैं कुछ समझ न पाया
नारायण मूर्ति ज़ोर से चिल्लाए 'हरिओम'
और हाऽऽ- हाऽऽ कर ज़ोर से हँसने लगे
शायद यह भी एक शारीरिक अभ्यास था

चिन्तित थे नारायण मूर्ति
कैसे इस देश में और ज़्यादा
इन्वेस्टमेंट बढ़ाया जाए
सॉफ़्टवेयर इंडस्ट्री में कोई श्रमिक तो होता नहीं
भले ही किसी को चार हज़ार माहवार मिले
किसी को चार लाख
इनके लिए कैसे ज़्यादा से ज़्यादा पब्लिक
फ़ैसिलिटी प्रोवाइड की जाए

लेनिन तो कर नहीं पाए
हमने क्लिंटन और
ओबामा के साथ मिलकर
बराबरी और समाजवाद लाने की
दिशा में काफ़ी तरक़्क़ी की है।

तभी दिख गए श्रीश्री रविशंकर
सफ़ेद कपड़े में बुद्ध की तरह मुस्कराते
अजीम प्रेम जी ने उनसे हाथ मिलाया
श्रीश्री आर्ट ऑफ़ लिविंग
का सारा नियम तोड़ उनके
कान में कुछ फुसफुसाए

मैं उन फुसफुसाहटों का मतलब ढूँढ़ ही रहा था
तभी राम गुहा दिख गए पार्क में
कबूतरों को दाना खिलाते
राम ने मुझसे हल्के से कहा
सॉफ़्टवेयर के इन श्रमिकों के लिए
नया नाम ढूँढ़ना होगा

हम और राम बात कर ही रहे थे
कि एक पेड़ के नीचे देवगौड़ा बेल्लारी के किसानों को प्रतीक में बदल
अपने पॉकेट पर लगाए
बालों का झड़ना रोकने के लिए
बाबा रामदेव के पतंजलि योग नियम के अनुसार
अपने नाखूनों को रगड़ते जा रहे थे
और उछलते जा रहे थे
आज दिव्य हुआ मॉर्निंग वॉक
जैसे एक तरफ़ इन्द्र चल रहे हों
दूसरी तरफ़ कुबेर
और हम साथ-साथ
मॉर्निंग वॉक कर रहे हों।

## मैं एक उपनिवेश

मैं अपने देश का विस्तृत होता हुआ एक उपनिवेश हूँ
मेरे भीतर राज करते हैं
राष्ट्रध्वज, राष्ट्रगीत और राष्ट्रवीर्य
मेरा तन, मेरा मन, मेरा धन सब है भाया राष्ट्र एक फैलते हुए बाज़ार का
कहते हैं कि पैसे की कोई जाति नहीं होती
बाज़ार का कोई धर्म नहीं होता
पर यह क्या हो रहा है बाज़ार में

मुझमें आक्रामक, क्रूर और हिंसक
होते जा रहे हैं
मेरी जाति, धर्म और राष्ट्रगर्व

मैं आधुनिक, उत्तर-आधुनिक, कुछ-कुछ धर्मनिरपेक्ष-सा
सिविल सोसाइटी का जागरूक सदस्य हूँ
पर इतना चैन से मत बैठिए समाज और देश के लिए चिन्तित लोगो!

मेरे भीतर
एक फ़ासिस्ट नागरिक सदा करवट लेता रहता है
जब भी आप सुनेंगे मेरी पीठ से लगाकर अपने कान,
उसकी आवाज़ आपको सुनाई देगी

मैं आज़ाद इंडिविज़ुअल
लगता हूँ आपको
पर सच में
मैं अपने देश का उपनिवेश हूँ
जिसमें राज करते हैं
आधुनिक चालाकी
पारम्परिक क्रूरता
भोग, उपभोग, लालच
जाति धर्म और
हिंसक-सा एक राष्ट्रीय गर्व

## कोई नहीं है

उड़ते पीले पतिंगे को ड्यूटी पर जाना है
गौरैया के लिए एक ज़रूरी मीटिंग पहले से तय है
तितली की किसी के संग डेट है
पर्यटक जल्दी में हैं क्योंकि उन्हें कम से कम समय में

देखना है ज़्यादा से ज़्यादा स्थान
वह जोड़ा इस बात में लगा है कि
कैसे ज़्यादा से ज़्यादा
सुख भोग सके

किसी के पास भी वक़्त नहीं है कि
उस पत्ते से पूछ सके कि
सब ख़ुश हैं तो तुम क्यों हो इतने बेचैन
क्या दुख है तुझे
बगल की डाल के पत्ते अपने-अपने
परिवार में मशगूल हैं
यह कैसी दुनिया
तू बना रहा है हे ख़ुदा
जिसमें इस पत्ते से
इसका दुख पूछने वाला कोई नहीं है।

## पहचान

अजब कन्फ़्यूज़न है इस समय में
सब अपनी-अपनी पहचान से त्रस्त हैं
किसी के लिए पहचान शक्ति है
किसी के लिए सज़ा
किसी के लिए तो पहचान कहीं लाभ का सौदा है
वहीं कहीं हानि का खेल

किसी के लिए पहचान

घर में अलगनी पर टँगे कपड़े से ज़्यादा कुछ नहीं है
जिन्हें कभी इसको उसमें
कभी उसको इसमें मैच करा के
पहनता है

कोई असली खांटी मूल निवासी
होने का दम भरता है
पर सच तो यह है लोगो
जो अपने को जहाँ का समझता है
सच मानो वह वहाँ का नहीं है

कलानगर का के.के. कोंकण से आया है
और मरीन ड्राइव का आर.के. दंडकारण्य से
एस.के. दूर लातूर से

दुनिया एक ख़ाली डिब्बे के समान है
और हम ख़ाली डिब्बे में पड़े हुए
कंकड़ के समान

डिब्बा थोड़ा भी हिलता है तो
हम इधर से उधर बिखर जाते हैं
कोई विदर्भ से जनकपुर
कोई मगध से सतारा
कोई अंगदेश, बंगदेश
कोई कोणार्क में पड़ा है
जो जहाँ खड़ा है वहीं गड़ा है
जो जहाँ गड़ा है, कोई ज़रूरी नहीं वह वहाँ खड़ा हो
हर कोई अपने आपको ही ख़ूब ज़ोर से

पकड़ के रखे है हारिल की लकड़ी के मानिंद

मुम्बई में काली-पीली टैक्सी के
स्टीयरिंग घुमाते
कहते हैं राम अवध शुक्ल
कोई कितना भी जकड़े-पकड़े भइया
पर सच तो यह है
कि यह दुनिया कंजूस मालकिन की
सराय है
जहाँ पर हर क्षण सबको अपना बिस्तरबन्द
पैक रखना है
कब हो जाए जाने का आदेश
कोई ठीक नहीं।

## करीमन बी

पेड़ सिर्फ़ पेड़ नहीं होते
पेड़ों के भी अपने परिवार होते हैं
गिलहरी, पत्ते और फूल
और चिड़ियाँ होती हैं
चिड़ियाँ सिर्फ़ चिड़ियाँ नहीं होतीं
चिड़ियों के भी अपने नाम होते हैं
लड़कियाँ सिर्फ़ लड़कियाँ नहीं होतीं
लड़कियों के भी अपने नाम होते हैं
बहुएँ सिर्फ़ बहुएँ नहीं होतीं
बहुओं के भी अपने नाम होते हैं

पत्नियाँ सिर्फ़ पत्नियाँ नहीं होतीं
पत्नियों के भी अपने नाम होते हैं
ये नाम सिर्फ़ नाम नहीं होते
इन नामों का अपना इतिहास
और अपना भूगोल होता है
इन नामों का अपना वजूद होता है
इनकी अपनी हिस्सेदारी होती है
इनकी अपनी भागीदारी होती है
इनकी अपनी सत्ता और सम्पत्ति होती है
दस बजिया फूल खिलने लगे हैं
सुनीता स्कूल जाने लगी है
और देखिए उधर करीमन बी
जनतंत्र का दरवाज़ा खटखटाने लगी है

## अमरपुर गाँव

अमरपुर गाँव में इसी इमली के पेड़ के नीचे
नानक, कबीर, रविदास, अम्बेडकर
कभी-कभी मिलते हैं
और आपस में दुखों-सुखों पर करते हैं विचार
आज सुबह से ही वे चिन्तित हैं
चिन्ता, जैसे मन्दराचल पहाड़
सूर्य ढलने को आया
पर जा ही नहीं रही हैं
उनके माथे से चिन्ता की लकीरें

वे चिन्तित हैं कि
उन्होंने जो बनाई थी लोकतंत्र की चाभी
वह काम क्यों नहीं कर रही है
अँधेरा इतना बढ़ता जा रहा है कि
जो दीपक जलाये थे
वे हारते जा रहे हैं
जैसे-जैसे गहरा रहा है लोकतंत्र
असमानता की नई-नई कोटियाँ
बनती जा रही हैं

आत्मा देह के प्रति
और देह आत्मा के प्रति
क्रूर होती जा रही है।

सोच यही सब
कबीर अपने बीजक पर
और अम्बेडकर अपने संविधान पर
कर रहे हैं पुनर्विचार
और साथ-साथ
अपनी आत्मालोचना भी कर रहे हैं।

## यह मन रख लो

भोग के रोग में मर रहे मानुष तुम
अपने भीतर के राग को बचाओ
राग को तो बचाओ

विराग को बचाओ
नहीं तो वामपंथी, दक्षिणपंथी, सेंट्रिस्ट कोई भी हो
उपभोग की अग्नि में जल मरोगे

वह कहता है मेरे मन के कोने में धीमे से
मान लो तुम अगर कॉरपोरेट एक्ज़ीक्युटिव हो
या तुम्हारे पास हो सत्ता की चाभी
तेरी बीवी सोशलाइट्स हो और सत्ता-शक्ति
की प्यारी हो
पर अगर तेरे पास तेरी भाषा, भाव
और लय नहीं बचेगी तो बचेगा क्या
इसलिए ऐश्वर्य की प्यास में छटपटाते मन
अपने भीतर कभी-कभी
चिमटी, खपड़ी, खँझड़ी को याद करो
सोना, रतन, मणि, मुक्ता से सजी अपनी देह में
कहीं-कहीं और कभी-कभी
विराग की राख लगा
यह मन रख लो

## कुरता और लड़की

एक कुरता था
एक लड़की

लड़की को वह कुरता
बहुत पसन्द था,

जब भी वह उसे
मेरे देह पर देखती
मुग्ध हो जाती

धीरे-धीरे वह कुरता पुराना
होता गया

उसके धागे घिसते गए
रंग उड़ता गया,
धीरे-धीरे वह लड़की
उस कुरते से उदासीन होती गई,

उसे देखती और आँखें झुका लेती
मैं उस कुरते को ले कोरी के पास गया
कोरी! कोरी! इस कुरते के धागों को फिर से नया कर दो
उसने कहा, यह मेरे बस में नहीं

फिर रंगरेज़ के पास गया?
रंगरेज़! रंगरेज़! इस कुरते को फिर से रंग दो
उसने कहा, यह मेरे बस में नहीं,
उसी वक़्त करवा चौथ के लिए आकाश
पर आए चाँद ने कहा,
यह काम न दुनिया कर सकती है, न देवता
इसे नया सिर्फ़ वह लड़की कर सकती है,
जो इस पर पहली बार
मुग्ध हुई थी।

## सुबह का इंतज़ार

अनाज, जो अँकुरा नहीं पाते
कविताएँ, जो अपने भीतर सफल होने की सकल
सम्भावनाएँ रखकर भी
सफल नहीं हो पातीं
प्रेम का प्रस्ताव, जो कंठ से निकल नहीं पाता
मधुमक्खियाँ, जो छत्ता रच नहीं पातीं
मकड़ा, जो अपना घर बनाना चाहकर भी
घर बना नहीं पाता

पहाड़ काटते-काटते उदास हो पहाड़ काटना छोड़
लकड़ी काटने में लग जाने वाले आदमी की
आँखों की वैसी चमक जैसी आनी थी वो आ नहीं पाती
मूँगफली का जो दाना ज़मीन के नीचे पकते वक़्त
फट जाता है
माँ अपने बेटे के लिए जो अरमान रखती है
तंगहाली के कारण वह जिन अरमानों को
पूरा नहीं कर पाती

पार्क में उदास बैठा वह युवा, जो अपने जिस
सपने को सच करना चाहता था
सच कर नहीं पाता
कि भौंरे, जिनकी गुंजार हवाएँ लील जाती हैं
मल्लाह, जिसका जांगर नदी, घाट का
ठीकेदार और मगरमच्छ हड़प जाते हैं

उन आकांक्षाओं को, जिन्हें यह राजसत्ता

अर्थतंत्र एवं मायाजाल
बढ़ाती है एवं बढ़ाकर हत डालती है
वही सब मिलकर इस दुनिया को बदलेंगे

एक भयानक निराशा के विकराल समुद्र में
अपनी टूटी हुई नाव पर बहती
एक चिड़िया मन ही मन सोच रही थी
हालाँकि अभी गहरी अँधेरी रात थी
और समुद्र में सुबह होनी थी।

## अपनी कविता

किसी का काग़ज़
किसी की क़लम
कैसे लिख पाओगे
अपनी कविता

किसी का विचार
किसी का प्रचार
कैसे रच पाओगे अपनी कविता

अपनी कविता रचोगे
तो सम्भव है चिड़ियाँ आकर उसमें कुछ कह जाएँ
सत्ता के शोर में भी विरोध की कोई कव्वाली गूँज जाए
और वह कव्वाली आगे चलकर विरोध का फ्रॉड न साबित हो पाए
मिडिल क्लास के रैप में भी कहीं न कहीं ग़रीबों की

आवाज़ आ जाए
आँकड़ों के जाल से ऊपर आदमी का चेहरा सामने आए जाए
अपनी कविता रचोगे
तो ही इस जनतंत्र में
कुछ कर सकोगे।

## रात की नींद

अपमान, उपेक्षा, असफलताएँ
अपने वजूद में बिंधे विष बुझे
सहस्र तीरों की शरशैया पर
हम सोते हैं रोज़ रात

नींद आती नहीं
करवट ले नहीं सकते

आह-ऊह में गुज़र जाती है रात

फिर सामने खड़ा हो जाता है
अपने तरकस में सहस्र तीर कसे
दिन, मेरे शिकार के लिए।
मेरी नींद रोज़ रात लड़ती है मुझसे
एक कठिन लड़ाई
रोज़ लड़ती है
और रोज़ हारती है

वह छछनती रहती है
छोटे-छोटे अंशों में बिखरे
विस्मरण के लिए
विस्मरण वजूद के अन्दर
बिंधे तीरों का
भीतर ही भीतर बन रहे
पीबों से गलकर टूट जाना है

मेरी ज़िन्दगी
मेरी ज़िन्दगी का
बीत जाना है
एक विस्मरण के इंतज़ार में

## पेड़ की शोक सभा

एक पेड़ की शोक सभा में आमंत्रित हैं आप
आइए पेड़ की शोक सभा में
आइए
कल जनतंत्र और राजसत्ता ने
उतार कर मानवीय चेहरा
तोप, बम, हेलिकाप्टर
कर दिया था तैनात
रात भर चले अर्द्धसैनिक बलों के अभियान में
वह पेड़ अन्ततः मारा गया
देखिए, ख़बर लहरिया अख़बार में पाँचवें पेज़ के चौथे कॉलम
की न्यूज़ है यह

वह लड़ रहा था
अपने पत्तों के लिए
अपनी चिड़ियों के लिए लड़ रहा था
वह लड़ रहा था अपनी हरियाली के लिए
अपनी आज़ादी के लिए लड़ रहा था
वह धातु और नमक के लिए लड़ रहा था
किसान आएँ, जिनकी भूमि ख़तरे में है
आदिवासी आएँ! जिनकी खदानें ख़तरे में हैं
वे बौद्धिक आएँ! जो नागरिकनुमा
बौद्धिकता के रूमाल से
अपनी नाक ढकने की आदत से अभी तक बचे रहे हैं
आएँ वे समाजशास्त्री भी, जो राज्य की हिंसा
के गौरवगान के अभियान की ज़द में अभी तक नहीं आए हैं
जिन्हें अभी तक योजना आयोग की सदस्यता का नहीं
आया है प्रस्ताव
वे आलोचक आएँ! जो कविता में क्राफ्ट की
खोज में न लगे हों
वे पाठक आएँ, जो कविता सुन गुनते हैं बात
उस सैनिक सिपाही का भी स्वागत है
जिनके मौसा खेतिहर मज़दूर रहे हैं
और फूफा हैं किसान
यह अपने वजूद के लिए लड़कर मर गए पेड़ की
शोकसभा है श्रीमान
जिसे न मरणोपरान्त पद्मश्री मिलेगा
न कोई राजकीय सम्मान
न ही जंगल में या जंगल के बाहर उसके लिए
कोई मुहर्रम, कोई मातम मनाया जाएगा

इसमें कम से कम एक बार आ जाइए
लातेहार में न आ पाएँ तो दिल्ली में ही सही।

## हम

कुछ हमें सताते हैं,
कुछ को हम सताते हैं
एक दूसरे को सताते हुए
हम इस सभ्यता को आगे बढ़ाते हैं

कुछ हमारा शोषण करते हैं
कुछ का हम शोषण करते हैं
ऐसे ही हम जुड़े रहते हैं एक-दूसरे से
कुछ का हम तेल चुआते हैं
कुछ हमारा तेल चुआते हैं
कुछ हमें दुखाते हैं
कुछ को हम दुखाते हैं
एक-दूसरे से ऐसे ही जुड़कर हम
एक राष्ट्र बनाते हैं

मैं पत्नी को मारता हूँ
पत्नी बेटे को
बेटा पालतू कुत्ते का कान
उमेठ-उमेठ कर ज़ोर से रुलाता है
ऐसे ही तो
जनगण का भाव आता है

यह दुनिया का सबसे बड़ा
जनतंत्र है
जाति, धर्म और नस्ल के नाम पर
एक दूसरे को मारते, दुत्कारते
हम एक-दूसरे से
सुर मिलाते हैं।
और ऐसे ही
कपड़े के धागों की बुनाई की तरह
बुने जाते हैं

अख़बारों में पढ़िए न!
टी.वी. पर भी देखिए
पति-पत्नी की
प्रेमी-प्रेमिका की
कभी पत्नी पति की
कभी प्रेमिका, प्रेमी की
सुपारी दे हत्या कराती है
बाप बेटे को मारता है
बेटा बाप को
ऐसे ही यहाँ अहिंसा
पंख फैलाती है
और ऐसे ही तो हमारी संस्कृति में
समरसता आती है
अनेकताओं के क़त्ल पर
'एकता' यहाँ लेती है आकार
खंड-खंड को मार-मार
'अखंडता' आती है
हुज़ूर! माई-बाप, सरकार

क्या कहूँ, क्या न कहूँ
ऐसे जनतंत्र की जम्हाई से
आती है फासीवाद की बास

## ब्रेख़्त को समर्पित

उसका छल
क्या छल है

उसकी माया
क्या बात है

वाह! क्या ड्रामा है उसमें

मैं फ़िदा हूँ
उसके जादू पर

कितना मोहक झूठ है वो
कितनी तरह की कला है उसमें
एक ही साथ मारता भी है
और रक्षक बन आता भी है
एक ही साथ भूखा बनाता भी है
और चावल बँटवाता भी है

उसका जादू
वाह

उसकी ख़ुदाई
आह

उसकी बादशाहत
वाह

मैं फ़िदा हूँ
कैसे वह धीरे-धीरे
अपनी पब्लिक रच रहा है

## आज के समय में

भाव कहें तो
किससे कहें,
सुख-दुख कहें तो
किससे कहें
न कोई सुनने वाला है
न कोई कहने वाला
मैं परेशान हूँ खोजने के लिए अपना अर्थ
अगर किसी से कहता हूँ—चलो प्रतिरोध करें
तो कहता है वह—प्रतिरोध अब आसान काम नहीं
फिर कहता हूँ—कोई बात नहीं
चलो खुलकर रोयें कहीं वन प्रांतर में
तो वह कहता है रोना भी एक प्रतिरोध है
आज के समय में

मैं अगर किसी से आज कहता हूँ—चलो खुलकर हँसें
तो कहता है वह हँसोगे तो नागरिकता नाराज़ हो जाएगी
मैं फिर कहता हूँ थोड़ा बतिया लें
तो उत्तर मिलता है बतियाना है समय की बर्बादी
कहता हूँ मैं कोई बात नहीं—थोड़ा फुसफुसा ही लें
फुसफुसाना भी है आज के समय की सबसे बड़ी गुस्ताख़ी
तो मैं करूँ क्या, मैं परेशान हूँ पाने के लिए अपना अर्थ
आज के समय में।

## मेरे टूटे पंख

मैं हवा में उड़ता था,
उड़ता था आकाश में,
घनघोर घटाटोप जंगल को भी पारकर उड़कर
आ जाता था खुले आकाश में

मेरे पंख धीरे-धीरे टूटने लगे
कुछ पंख समय ने तोड़े
कुछ नियति ने
कुछ तोड़ डाले तुमने
खींचा खींची में

मेरे टूटे पंखों में से
कुछ मुझमें गिरे
कुछ गिरे होंगे तुममें
कुछ गंगा, यमुना, सिंध और चेनाब में गिरे होंगे,

कुछ गिरे होंगे
यहाँ वहाँ
इधर उधर

पंख टूटने के बाद से ही
मैं गिरा हूँ पृथ्वी पर
धवाहिल

अब मैं उड़ना भी चाहूँगा
तो उड़ कहाँ पाऊँगा
उड़ने की कोशिश कर
फिर से
गिर जाऊँगा
पृथ्वी पर

## चिट्ठी

केदारनाथ सिंह की ज़रूरत तो है ही
हे भगवान! हमें कोई रघुवीर सहाय लौटा दे।
अगर कहीं मिले नागार्जुन तो कहना कि
हमें उनकी सख़्त ज़रूरत है
निराला जी
कृपया अपनी शक्तिपूजा से गढ़ दें
कोई मुक्तिबोध
एक पूरी पीढ़ी मर रही है
आशा बिना

एक पूरी सदी
साँसों की तलाश में है

## ऊधो संवाद

ऊधो जी
मधुबन में इतनी पुलिस
क्यों लगी है
चाँद के इर्द-गिर्द
इतना सरवाइलेंस क्यों है
बाँसुरी को क्यों लगी है
हथकड़ियाँ
कदम के पेड़ की आत्मा में
अग्नि क्यों जल रही है
राधा कहाँ गई
कहाँ गई उसकी मटकी
ऊधो जी
उसकी सहेलियों की जिह्वा
क्यों काट ली गई है
मोरपंख दिल्ली में
क्यों सज़ा काट रहे हैं
पनघट सूखे हैं
गागर फूटे
गउवों के चारों ओर क्यों आई.बी. लगी है
क्यों बैठी है कुंजगली में
हत्यारों की मंडली

आज के सारे ऊधो
इतने भयभीत क्यों हैं
मेरे ऊधो जी
ऊधो जी! बताइए न
आज चाँद इतना बेबस क्यों है

## राख

पहले लगता तो था
पर आज मैंने अपनी आँखों से देखा
सच शिकारी के पिस्टल की गोली
से आहत हो
मरा पड़ा है
पृथ्वी पर

शायद उसकी बची नहीं है
अन्तिम साँस
सच के मर जाने का समय है यह

सच की किसी को चिन्ता नहीं है
सब लगे हैं शिकारी के गुणगान में
कि वाह! क्या निशाना लगाया उसने

सच के शिकारी की
मूर्ति गढ़ी जा रही है
उसके जीवनकाल में ही

जनतंत्र के बीच चौराहे पर
उसे शीघ्र ही लगाया जाएगा

उसकी जीवनियाँ
लिखी जाने लगी हैं नई तरह से

आकांक्षाओं का सजने और बजने लगा है बाज़ार
उसमें जलकर राख हो जाएगा
सब कुछ

मैं भी

## ग़ालिब से एक संवाद

एक दिन यहाँ सब कुछ वीरान हो जाएगा
घर होंगे, बस्तियाँ होंगी
पर बिलकुल वीरान

लोग होंगे
पर उनके पास आवाज़ न होगी

शब्द बिलकुल नहीं होंगे उनके पास
सिर्फ़ रुलाई होगी जिनसे जाना जा
सकता है कि
यहाँ लोग भी रहते हैं

लोग दिखेंगे
पर कोई हलचल न होगी

पशु, पेड़, पक्षी सब होंगे
पर किसी में भी जान न होगी
हँसी, ख़ुशी सब रूठ जाएँगी दुनिया से
होगी सिर्फ़ एक आवाज़
जो गूँजेगी
इस पार से उस पार,
बिना किसी रोकटोक के
वही राज करेगी चौतरफ़ा

कविताएँ भी उस आवाज़ का कुछ नहीं कर पाएँगी

इतिहास में एक समय आता है
जब आदमी, चिड़िया और
कविताएँ साथ साथ मरती जाती हैं

क्षरण और मरण के समय भी
जियो ग़ालिब
जीने की शुभकामना के साथ

## लड़ाई का मैदान

वे जैसा बोलें
वैसा ही बोलो

वे जैसा उच्चारण करें
वैसा ही उच्चारण करो

वे जैसा सोचें
वैसा ही सोचो

वे भीड़ में आएँगे
और तुम्हें निगल जाएँगे

चबा जाएँगे तुम्हें
सुस्वाद अनाज की तरह

उनके जबड़े में अजीब-सी ताक़त है
पेट के भीतर असीम जगह
वे सब कुछ लील जाएँगे

प्रतिरोध के दाँत तोड़ दिए जाएँगे

देखिए ना! विरोध के सारे स्पेस मरते जा रहे हैं
सूरमा डरते जा रहे हैं
वीररस नौ रसों में से
ख़ारिज होता जा रहा है
भिन्नता और विरोध के सारे
भाव नाकाफ़ी हैं
आज के समय में,

इतना मासूम न बनो
अपने पर झूठा गर्व न करो

उनकी शक्ति समझो,
लड़ने के सारे नियम उन्होंने बनाए हैं
लड़ाई के मैदान उन्होंने ही सजाए हैं
वे लील जाएँगे
धीरे-धीरे
हमें भी
और तुम्हें भी